区块链金融

未来金融的核心竞争力

刘振友◎著

BLOCKCHAIN FINANCE

文化发展出版社
Cultural Development Press

图书在版编目（CIP）数据

区块链金融 / 刘振友著 . — 北京：文化发展出版社，2018.8
ISBN 978-7-5142-2315-6

Ⅰ . ①区… Ⅱ . ①刘… Ⅲ . ①电子商务－支付方式－研究 Ⅳ . ① F713.361.3

中国版本图书馆 CIP 数据核字（2018）第 143337 号

区块链金融

刘振友 著

出 版 人：武 赫	
责任编辑：孙 烨	责任校对：岳智勇
责任印制：杨 骏	排版设计：韩庆熙

出版发行：文化发展出版社（北京市翠微路 2 号　邮编：100036）
网　　址：www.wenhuafazhan.com
经　　销：各地新华书店
印　　刷：北京市兆成印刷有限责任公司
开　　本：710mm×1000mm　　1/16
字　　数：225 千字
印　　张：16.5
印　　次：2018 年 8 月第 1 版　2018 年 8 月第 1 次印刷
定　　价：58.00 元
ＩＳＢＮ：978-7-5142-2315-6
◆ 如发现任何质量问题请与我社发行部联系。发行部电话：010-88275710

前　言

"区块链"（Blockchain）这个词刚产生的时候，对很多人来说仍是一个比较新鲜的名词，但在2015年下半年，"区块链"开始成为社会热点词汇，也因此引起了社会各界的广泛关注。那么"区块链"究竟是什么呢？简单来说，"区块链"就是比特币的底层技术，像一个分布式数据账本一样记载着所有的交易记录。

"区块链"一词最早的提出还要追溯到2008年。它首次出现是在中本聪发表的《比特币：一种点对点的电子现金系统》一文中。文中提到了区块链技术可以应用到金融服务、社会生活等众多领域中，比特币是区块链技术首次大规模应用到全球网络中的一个典型案例。随着互联网的迅速发展，区块链技术在各个领域的应用也给一些传统的模式带来了颠覆性的改变。目前，区块链技术研究领域正在迈入新的阶段。许多国家、政府以及企业已经开始关注区块链这一底层技术，并且已经开始对这一技术进行了积极的探索。首先，从政府和监管层面来看，包括联合国社会发展部、中国人民银行、英国政府、美国证券交易所在内的组织和机构纷纷开始对区块链发声；其次，从企业层面来看，许多跨国行业巨头与创业公司正在争先恐后地进军区块链领域，并且带动了新一轮创业和创新的浪潮。

根据安永会计师事务所的统计资料显示，截至2016年年初，全球已经诞生了917家区块链领域的创业公司，全球在区块链领域的投资累计已经超过了15亿美元。以花旗银行、纳斯达克为代表的各行业的巨头且已经开始踏入了区块链技术的实验室阶段，进行了区块链在多个场景中的探索式的应用实践研究。除此之外，一些学术研究机构和转移咨询服务机构等其他研究力量也开始对区块链技术以及未来的发展趋势进行研究，区块链技术从一个陌生的词汇加速走进了大众的视野之中。

本书立足于区块链技术的起源和发展，详细分析了区块链技术在金融业、社会生活等领域的巨大作用和影响，具体阐述了区块链技术在各行各业的应用场景和应用案例，能让读者更直观地感受到区块链这一颠覆性技术所带来的改变，最后展望区块链技术的未来和发展趋势。

全书共分为三个部分。第一部分以"拜占庭将军问题"为导入，讲述了区块链技术的源头、概念、发展态势、内在特性、技术原理等基础性内容；第二部分以"区块链+"为导入，讲述"区块链+金融服务""区块链+数字货币""区块链+共享金融""区块链+加密数字资产""区块链+供应链"等方面给区块链带来的影响以及具体的应用案例，详细分析了区块链技术在这些领域的具体作用和实质性的改变；第三部分是以区块链技术的发展和其在各个领域的广发应用为导入，对区块链技术的一个展望，讲述了区块链技术给未来商业带来的影响，并且具体阐述了区块链技术将会如何重构未来的商业模式。

本书面向所有对区块链技术感兴趣、希望了解区块链技术的读者。无论你是对区块链这一技术完全陌生的读者，还是对区块链技术有浅显认识的读者，本书都会给你提供一个全新的机会认识区块链这一颠覆性的技术。本书从最基本的概念讲述，并且结合实际运用让你更深刻体会到：区块链技术到底是什么？它的原理是什么？它有着怎样颠覆性的特性？它是如何运用到实际生活中的？它会给我们的生活带来怎样的改变？在本书中，这些问题都会被进行详细的阐述。

区块链技术是科技时代发展的趋势，因此该技术有着广阔的应用前景，但是区块链技术也存在着自身的局限性。所以，我们应该科学理性地看待区块链技术，必须准确、深入地把握区块链技术的方方面面。希望广大读者可以通过阅读本书，更深入地了解区块链技术，并能够准确理解和把握区块链技术的发展趋势，从而紧随潮流，走在时代的最前列。

目　录

第一章　弯道超车，区块链金融时代已来

区块链的源头——"拜占庭将军问题" /002

区块链之父——中本聪 /006

区块链到底是什么？/010

区块链如何颠覆传统金融业？/013

区块链，未来金融的战略制高点 /017

第二章　区块链的起源与发展

2008—2014 年：比特币背后的区块链 /022

2015 年：区块链技术备受关注 /026

2016 年后：区块链重塑金融产业 /030

区块链的进化方式 /034

区块链金融的挑战 /038

第三章　区块链的技术原理

密码学基础 /044

共识算法 /048

分布式账本 /052

智能合约 /056

侧链技术 /061

区块链技术的关键点 /065

区块链技术的本质 /069

区块链技术的运行原理 /072

第四章 区块链+金融服务

区块链技术崛起，银行可能会消失？ /078

区块链技术助力金融服务创新 /082

区块链在金融服务中的五大应用场景 /086

区块链金融助力跨境电商的发展 /090

金融机构抢占区块链高地的策略 /094

"区块链+金融服务"的应用案例 /098

第五章 区块链+数字货币

货币的演进：从贝壳到数字货币 /104

数字货币的原理与技术特点 /108

数字货币的家族成员 /113

真正意义上的数字货币 /118

数字货币发展的痛点 /122

比特币与区块链 /126

区块链技术下的货币进化 /129

央行数字货币 /133

区块链对数字货币的影响 /138

"区块链+数字货币"的应用案例 /141

第六章 区块链+共享金融

共享经济下的共享金融 /146

共享金融与互联网金融 /150

共享金融的两大动力：技术与制度 /154

共享金融的六大内容 /158

区块链助力实现共享金融 /162

"区块链 + 共享金融"的创新实践 /166

第七章　区块链 + 加密数字资产

什么是加密数字资产？ /172

数字资产、加密数字资产和区块链 /176

加密数字资产的五大应用方向 /180

加密数字资产的积分属性 /184

加密数字资产为什么会升值？ /188

如何甄别真正的加密数字资产？ /192

加密数字资产与共享经济模式 /196

区块链推动加密数字资产扩展应用 /199

"区块链 + 加密数字资产"的应用案例 /202

第八章　区块链 + 供应链

传统供应链的现状及痛点 /208

供应链竞争力决定电商竞争力 /212

区块链让供应链更透明 /216

区块链如何重建供应链体系？ /220

区块链促进电商物流模式创新 /224

区块链在供应链金融领域的应用 /228

"区块链 + 供应链"的应用案例 /232

第九章　区块链，链接未来价值

区块链对未来金融的重要影响 /238

去中心化和中心化共存 /242

区块链如何重构未来商业模式？ /246

区块链 + 其他应用场景 /250

第一章 弯道超车，区块链金融时代已来

第一次工业革命带来了蒸汽机，第二次工业革命产生了电力，第三次工业革命的主题是互联网，那么区块链则是拥有带来第四次工业革命可能性的新型技术，并且这场工业革命的第一战场必定会是金融领域，它将为世界带来一个全新的金融时代。

区块链的源头——"拜占庭将军问题"

  区块链作为新型数字货币"比特币"的核心,在全球互联网发展中起到了巨大的作用。由于它的高容错性以及去中心的结构,世界的互联网金融贸易都为此而发生了转变,促使"互联网+金融"跨入一个新时代。

  区块链模型技术的应用,让互联网金融可以跨越第三方信任机构,在节点与节点之间建立直接的信任关系,因此达到节点与节点之间能够直接进行交易的目的。这种模型彻底规避了互联网金融交易之间,依赖第三方信任机制而造成的中间浪费。因此,区块链逐渐被许多人认识到其可能产生的巨大影响力。然而，区块链作为计算机技术的新型模型，却起源于一个看似简单的"拜占庭将军问题"。

拜占庭是东罗马帝国的首都，因此东罗马帝国又称为拜占庭帝国。在战争时期，拜占庭帝国想要攻打一个强大的敌国，一支军队在战争中往往毫无胜算，必须要让其他各个地方的军队同时攻打才能胜利。因此，拜占庭帝国就发送信息让分散在广阔国土上的各支军队能步调一致，一起攻打。但是，要想在各个军队的将军之间传送信息，只能依靠信使。军队中出现叛徒总是不可避免，而叛徒的"虚假信息"往往会让将军的决策产生混乱，进而造成军队的行动很难达成一致。因此，拜占庭帝国的将军们必须找到一个算法，让他们在交换信息的过程中能够选择正确的信息，进而能够让他们的步调一致。而这个算法的实现必须建立在以下几点的基础之上。

首先，要保证信道不能被破坏，也就是说，不能出现"拜占庭失效"的状况。"拜占庭失效"指的就是在消息传递的过程中，某位将军向另一位将军发送信息，而由于信道被破坏等原因致使另一位将军没有收到信息，而派出信使送出信息的将军也不知道另一位将军没有收到信息的事情。因此，只有确保信道不被破坏，每个信使都能将信息送到将军的手中，各个将军才能收到信息。无论信息真实虚假，他们都要进行审核对比，最终判定出正确的信息并执行。

其次，所有将军都必须在实现同一目标的基础上进行判定——一起进攻某一目标或者一起撤退。假设有五支军队，那么必须确保这五支军队的将军都是在"攻打A国"的基础上传递信息，而不是在有的军队要去攻打A国，有的军队要去攻打B国……这种无统一目标的基础上判定。因为目标不统一，信息传递最终做出的判断也毫无意义，甚至会造成更加混乱的局面。

最后，要满足"叛徒"的总数不能超过1/3。假设有三位将军准备一起进攻同一敌人，其中有一位将军是叛徒，那么总有一个将军会收到一个进攻命令和一个撤退命令，导致收到两个不同命令的将军无法判定消息的准确性。因此，如果叛徒的总数大于等于1/3，那么"拜占庭将军问题"就是一个无解的问题。

"拜占庭将军问题"在满足了这三点要求的基础之上，就可以分别从"口头"和"书面"来解决了。

在口头传递上，信息要满足能够准确送达、知道由谁传送以及所有的将军、每个将军的信使都在传送信息这三点要求。而后，只要叛徒数量少于1/3，每个将军在收到信息后便派出许多信使给其他将军传送消息，传送的对象不包含派信使给自己传递该信息的将军。因此，用这个办法，口头传递就可以解决拜占庭问题。

在书面传递上，在口头信息传递的要求上增加两点。要保证每个将军都有个人"签名"，而且签名不可以被模仿以及所有人都能识别各个将军的签名，也就是说，所有人都能根据签名来识别信息是由哪位将军传送的。在此基础上，保证在至少有2/3将军是忠诚的情况下，收到信息的将军将派许多信使给其他将军传送信息，传送信息的对象同样也要除去派信使给自己传递该消息的将军，进而"拜占庭将军问题"依靠书面传送就可以解决。

事实上，"拜占庭将军问题"是由图灵奖得主莱斯利·兰伯特（Leslie Lamport）提出的关于计算机通信中点与点之间信息传输的问题。也就是说，在分布式的计算机网络中存在着大量的故障节点，而且这些节点在不停地向其他节点散布错误信息，但是其他节点要在这些错误节点的误导之下达到正确一致的目标。也就是说，"拜占庭将军问题"就是在"无核心"的基础之上，提出的一个错误节点可以不受限制地做任何事情的模型。因此，"拜占庭将军问题"中所设想的分布式结构里，在没有第三方信任机构的情况下，能达到彼此信息正确、值得信任的结局非常重要。

"拜占庭将军问题"可以进一步延伸到各个领域。人们在互联网上进行数据交易的时候，总会习惯性依赖强大的第三方平台来进行信任担保。然而，这些解决人们信任问题的第三方正在逐渐失效，因为总有黑客能够抓住第三方平台的漏洞进行金融诈骗。"拜占庭将军问题"中的"叛徒"就是互联网金融交易中的"骗子"，如果第三方平台出现了大漏洞或者为了规避过多的步骤将第三方信任机构撤走，"叛徒"就会利用信息在没有第三方信任机构的担保之下进行"行骗"。在不去花费大量时间、资源揪出这个"叛徒"的情况下，能够让交易者双方都彼此信任、进行正常交易的方式就是区块链。

区块链之父——中本聪

一名代号"中本聪"的黑客,利用自创的模型完美地解决了复杂的"拜占庭将军问题",而他解决"拜占庭将军问题"的自创模型就是区块链。

2008年,中本聪(Satoshi Nakamoto)发表了一篇神秘论文——《比特币:一种点对点的电子信息系统》。这篇论文让基于区块链技术的虚拟货币在国际上掀起了疯狂的浪潮,进而让更多的人开始关注"中本聪"。这篇没有在任何权威学术刊物上发表过的论文摘要如下:

本文提出了一种完全通过点对点技术实现的电子现金系统,它使得在线支付能够直接由一方发起并支付给另外一方，中间不需要通过任何的金融机构。虽然数字签名（Digitalsignatures）部分解决了这个问题，但是如果仍然需要第三方的支持才能防止双重支付（double-spending）的话，那么这种系统也就失去了存在的价值。我们在此提出一种解决方案，使现金系统在点对点的环境下运行，并防止双重支付问题的产生。该网络通过随机散列（hashing）对全部交易加上时间戳（timestamps），将它们合并入一个不断延伸的基于随机散列的工作量证明（proof-of-work）的链条作为交易记录，除非重新完成全部的工作量证明，形成的交易记录将不可更改。最长的链条不仅将作为被观察到的事件序列（sequence）的证明，而且被看作是来自CPU计算能力最大的池（pool）。只要大多数的CPU计算能力都没有打算合作起来对全网进行攻击，那么诚实的节点将会生成最长的、超过攻击者的链条。这个系统本身需要的基础设施非常少。信息尽最大努力在全网传播即可，节点（nodes）可以随时离开或重新加入网络，并将最长的工作量证明链条作为在该节点离线期间发生的交易的证明。

由此可以看出，比特币在中本聪的第一篇论文里就有了初步的概念，让基于区块链技术的特殊数字货币"比特币"在今后的发展中能够逐步稳固。在2009年，初始比特币算法软件在全球推出，并且这款软件是开放的，任何软件工程师都可以下载应用并进行修改。开源式的比特币算法软件，让更多人疯狂地参与到比特币的"挖掘"工作中，并且让比特币的价格出现了剧烈的波动。

全球最大的战略咨询管理公司麦肯锡（McKinsey & Company）在提交给美国联邦保险咨询委员会的报告中明确指出区块链很可能会颠覆广泛行业。而且，报告也表明"该行业的大部分人都认为区块链技术将会在3~5年产生'实质性影响'"，因此也肯定了中本聪作为"区块链之父"，为社会各个行业都可能带来一场不可小觑的革命。

然而，这名创造了巨大虚拟货币财富的人却至今都不肯暴露他的真实身份。

2014年3月6日晚间消息，美国一名自由撰稿人称她已经找到了中本聪——一名隐居在洛杉矶圣贝纳迪诺的日裔美国人，而他的真实姓名就是"中本聪"，并且他曾为美国军方执行过保密工作。当记者找到他的时候，中本聪已经穷困潦倒，看上去完全不像手握100万个比特币的人，这些比特币最少价值4亿美元。这名记者与中本聪聊过许多话题，然而在记者提到比特币之后，中本聪就再也没给过任何回复。

2014年9月，由于中本聪的电子邮箱长期未使用，一名黑客入侵了中本聪的电子邮箱盗取了"中本聪的秘密"，并在网络上进行贩卖。自此之后，总有许多自称"中本聪"或者被媒体、圈内相关人员判定为"中本聪"的人出现，然而这些人最终往往被揭露他们并不是"中本聪"。

2015年12月8日，澳大利亚信息安全专家克雷格·史蒂夫·莱特被指认为是"中本聪"。9日下午，澳洲警方就搜查了他的家和办公室。澳洲警方宣称，这次搜查与比特币无关，而是为了调查莱特的税务问题。而后，多年未露面的中本聪在Linux基金会的比特币开发者群组中发出了一封名为"这次你们依旧没有猜对"（Notthisagain）的邮件。

也就是说，虽然中本聪是比特币的创始者，并且他还持有大量的比特币。然而，在大多与区块链相关的人群之中，中本聪本人就如同是一个由"密码"与"金钱"组成的精密"系统"。没有人能破解出这个系统的密码，获知他的真实身份，甚至"中本聪"到底是一个人还是一群人，或者他连"人"都不是，只是一部拥有复杂计算功能的终端，都没有人能够确定。而他又"凭空"创造了巨大的数字财富，并让这"凭空"创造的财富能够在社会上流行起来，由一开始每比特币近乎"0"的价格，涨到了每比特币上千美元的价格。而比特币从被第一次"挖掘"开始，仅仅用了5年左右的时间就涨到超过黄金价位的高峰值。

由此看出,从中本聪的"创世区块"诞生开始,一场由区块链技术引发的巨大社会实验也随之到来。随着区块链技术的完善,这场社会实验正在逐步走向高潮。

区块链到底是什么？

"中本聪"在他创造的第一个区块（即"创世区块"）中留下一句话来记录第一个区块的创立时间，以及在金融危机之下他对旧时代第三方金融交易机构的嘲讽：

The Times 03/Jan/2009 Chancellor on brink of second bailout for banks.（2009年1月3日，财政大臣正处于实施第二轮银行紧急援助的边缘。）

这句话作为"时间戳"被永远地留在了"创世区块"中，并且不可修改。以后的每个区块，都是在创世区块基础上进行连接。在中本聪最初的神秘论文中，"区块"与"链"是两个分开的词，他从来没有将"区块"与"链"放在一起提到过。其中，"区块"只是整个区块链技术中的一个微小部分，还可以说，它只是一条数字传输记录，因此"区块"本质上就是一个数据块。而每个数据块里都有特定时间里需要交易的所有数据信息，并且包含时间戳签名，并通过签名来进行彼此的身份验证，进而与下一个"区块"连接形成一条"链"。如今，在大量"矿工"的不断挖掘之中，每十分钟就会有一个新区块产生，所以这条"链"会一直延长。

区块链技术的实质是建立在分布式基础上的一个去中心化的数字账本。它利用分布式的数据存储，将作为密码的数字签名以及必要的交易数据共同存储在一个区块上。在密码学代替信任机制的基础上，让区块之间进行点对点的信息传输，从而形成了一种几乎不可更改、容错量巨大的分布式数据库。由于区块链技术里主要部分是分布式，而它的分布式、去核心结构不代表没有核心。区块链只是将大核心进行分散、弱化。因此，区块链上的每个区块都是可以看作独立运行的节点，它们都拥有完整的运行结构，进而每个区块都可以视为一个弱化后的核心。

由于在区块链技术中独立节点之间的传输需要消耗大量的时间，往往会存在较高的网络延迟，各个节点在同一时间收到的消息可能因为延迟存在着一定的先后差异。因此，区块链技术需要共识机制来让个体区块能够维持相对平衡的状态，并能与其他区块之间达成正确的共识。目前，区块链达成共识的算法主要有PoW（工作量证明）、PoS（权益证明）、DPoS（股份授权证明）、dBFT（小蚁共识机制）等。在这些共识机制的依托下，区块链技术才能真正实现完全透明、全网络公开以及不可修改。

虽然中本聪对于区块链技术的最初构思，是属于比特币的底层协议，然而由于区块链技术在无须借助第三方信任机制的前提下，就可以建立强大的信任系统的特性，让许多人都对区块链技术做出了肯定的评价。

央行观察专栏作家、央行观察创始人由曦曾指出，区块链是"一个让数据真正属于用户的技术架构"。

"数字经济之父"唐·塔普斯科特（Don·Tapscott）在《区块链革命》中也写道："毫无疑问，区块链对每一个机构来说都有着深远的影响，这也是很多聪明的、有影响力的人都对此技术感到兴奋的原因之一。"

麦肯锡在提交给美国联邦保险咨询委员会的报告《区块链——银行游戏的颠覆者》中更是给予了区块链技术高度的评价："现在，一项名为'区块链'的重大技术正在起步。20年后我们也许会这样描绘我们的生活：数字货币成为主流货币，人们可以随时随地向身处世界任何地方的任何人进行资产转移交易，就好像发送邮件或打开流媒体播放音乐一样方便、快捷、实时……区块链，是继蒸汽机、电力、信息和互联网技术之后，目前最有潜力触发第五轮颠覆式革命浪潮的核心技术。就如同蒸汽机释放了人们的生产力、电力解决了人们最基本的生活需求、信息技术和互联网彻底改变了传统产业（如音乐和出版业）的商业模式一样，区块链技术将有可能实现去中心化的数字资产安全转移。"

由此可见，区块链技术在未来科学技术领域以及人们的生产、生活中起到的重要作用，甚至区块链技术可能在未来产业中掀起一场不可小觑的变革运动。

区块链如何颠覆传统金融业？

区块链技术是目前唯一能在没有第三方信任机构的情况下，就能达到记录交易、确保交易安全的目的的技术。区块链技术之所以能达到这种目的，是因为它具有以下特性：

去中心化：在分布式的基础上"去中心"，就是将中心弱化到每个点上，强调了每个点的独立性。因此，区块链技术降低了维护第三方信任平台的成本，充分发挥了个体区块在整个区块链上的作用。这也是未来金融行业所面临的挑战与机遇。

透明性：区块链上的任何节点上的信息，都可以传输到别的节点上。反过来，在区块链上，可以通过任意节点查到整个链条上的所有信息。

安全性：区块链的特殊加密算法决定了它的安全特性，因此区块链上的任何节点都不会被外部篡改。

开源性：自从2009年比特币开源初始算法的推出，区块链技术方面一直都处于开放的状态。任何有能力的人都可以参与到区块链技术的研究中，因此区块链技术才能在短时间内获得较快的发展，并且会"持续"发展下去。

由此可以看出，区块链技术可以成为某些特定场合、特定问题上，人们能够最快速、便捷地找到答案的方法。比如，"拜占庭将军问题"揭露了社会中个体之间的信息传达存在着严重的信任问题，进而个体之间很难达到同步一致。那么，区块链技术拥有的去中心化、透明、安全、开源的特性就能够完美地解决这个问题。因此，区块链技术凭借这些特性，才能够在各个领域发挥出巨大的作用。

从"创世区块"诞生开始，区块链技术就被社会上不同的行业机构关注。由于中本聪的初衷是让区块链技术作为比特币的底层协议，所以区块链技术最早还是被主要应用于金融领域，并且也对金融领域产生了巨大的影响。一方面，区块链技术去掉了金融交易中间的不必要环节，大量地节省了交易成本；另一方面，区块链技术也给作为第三方平台的金融机构带来了严峻的挑战。区块链技术应用在金融业，是建立在"开创全新模式"的条件之下，迫使人们站在之前都没有过的角度来进行交易。因此，区块链金融比传统金融更有优势。

1.更好地解决信任问题

信任是一切交易产生的基础，然而信任问题却是人类有史以来一直都存在的问题。在传统的金融交易中，交易的双方只能去信任第三方机构，所以社会才要大力发展各种信任机构。然而，各种不同的信任机构还是存在着不同程度的漏洞。

2016年3月27日下午15时18分,儋州男子仇某手机上收到了一条消息,提示他的银行卡消费了154653.46元。于是,仇某在银行工作人员的指导下,查询到了此次交易属于境外交易。而后仇某想要通过警方来追回损失,然而警察至今都不能破解该案件。

由此可以看出,即使是银行之类的有国家政策支持的金融机构,也存在着漏洞隐患。而区块链技术的共识机制则能避开这种问题的出现。区块链技术的共识机制,能直接跳过第三方平台,在客户与客户之间直接建立信任机制。因此,区块链上某节点多余的资金,可以不用通过银行等金融信任机构就直接周转给需要的节点。

2.保护信息安全

传统金融中的各个系统往往会因为不能及时更新而造成信息损失。假如,再次发生"千年虫洞"的事件,万一银行系统没有顺利地从1999年过渡到2000年,那么银行就会丢失大部分甚至全部的客户信息,这些丢失的信息一般情况下都很难恢复。而区块链技术的分布式储存,就能够完美地避开信息大量丢失的问题。

区块链技术不仅能够完善地保存信息,在互联网信息泛滥的时代,它还能完美地筛选出有用的正确信息,可以避免不法分子利用伪造信息来进行金融诈骗。

3.节省成本

传统金融业在交易过程中必须要依托第三方信任机构,因此必须要花费大量的人力、财力等资源来维护及更新交易中间环节的设备。而在交易中间环节使用的资源,大多数都来源于交易过程中扣除的部分。在中间环节浪费的资源越多,交易过程中扣除的手续费越多,因此交易的成本也会越来越高。

区块链技术是一个点对点的信息传输,不存在第三方交易机构,因此就不需要花费资源去维护中间环节，进而节省了交易成本。而且区块链技术的开源性，决定了区块链技术的"可持续性"，从另外一种层面上维护、更新了区块链技术在金融业的应用——"矿工"不断地"挖矿"，使链条不断地变长，每做出一次贡献"矿工"们也会得到相应的奖励。

4.提高跨境汇款的效率

漫长的资金周转时间以及高昂的手续费，是第三方平台跨境汇款的两大缺点。比如，中国建行跨境汇款的手续费如下：

建设银行境外汇款手续费按照汇款金额的0.1%收取，另外需要收取80元的电报费。

建设银行境外汇款最低手续费是每笔20元，最高是每笔300元。

如果使用网银进行建设银行境外汇款，建行给出的优惠是：如果当天购汇一万美金，手续费享受五折优惠；使用网银进行建设银行境外汇款时需要注意，一般银行系统处理境外汇款的时间为周一到周五的9:00—16:00，因此，在上述时间段内提交指令的话，转账处理将更为快捷。如果在周末发出汇款指令的话，就可能有所延误。

由此看出，第三方机构不仅存在着高昂的手续费和资金周转时间长的问题，还可能出现时间限制的问题。所谓"远水解不了近渴"，在遇到紧急需求资金的情况下，依靠银行来进行跨境汇款就显得太过拖拉。而区块链技术就能缩短资金周转时间以及减少跨境汇款的手续费，更不可能存在时间限制的问题。

基于区块链技术的跨境汇款平台，目前世界上已经有了Visa、Ripple、OKCoin、Circle、Terra等。在未来，利用区块链技术进行跨境汇款，能够减少40%左右的交易成本，并且能让收款人如同收支付宝转账一样，在最短的时间内收到资金。因此，区块链技术从成本上和时间上提高了跨境汇款的效率。

区块链,未来金融的战略制高点

从2008年"区块链之父"中本聪发表他的神秘论文开始算起,区块链技术的发展至今还没有超过十年。然而,在如此短暂的时间内,全球与区块链相关的圈内人士就已经对区块链技术在未来世界的应用做出了大量想象。区块链技术的作用不仅体现在"比特币"上,它还可以运用在医疗、音乐、游戏、证券交易等方面。目前,区块链技术的应用前景最主要还是体现在整个未来金融领域的发展上。

马云曾经表示,未来金融体系存在着"八二理论"。所谓的"八二理论"，主要指在金融上支持80%没有得到金融支持的人，也就是那些没有金融服务的小型企业、消费者等。而未来金融体系的"八二理论"最大实现机会就在互联网金融上。所以，互联网金融几乎占据了未来金融的主体。目前，互联网金融在移动互联网、大数据、云计算等新技术的影响下已经大幅超越了传统金融领域。随着互联网技术的不断发展，还可能会出现更便捷、更安全、更高效的金融服务功能。因此，未来金融必定会以网络科技的创新作为驱动力，以传统金融为根基，不断地拓展深化更多的金融功能。

区块链作为互联网中最新的底层技术，首先在计算机技术上取得了重大的突破。其次，区块链是跳出"比特币"限制，可以用在整个金融业，甚至其他各个相关领域的强大技术，它在分布式的基础上"去中心化"进而达到共识的特性，有极大的可能性满足人们对金融服务"更便捷、更安全、更高效"的追求。只要能最先掌握这项底层技术，就能占据未来金融行业的战略制高点。

现任北京市金融工作局党组书记、局长霍学文在《首都金融》杂志上刊登的文章——《区块链——未来金融战略制高点》里提到过：区块链技术的加密算法特性与"去中心化"的过程，让"未来金融业将进入算法金融时代"成为全球金融业界的共识。全球金融业界纷纷布局抢占这一未来金融底层技术的制高点。欧洲的大金融机构创设的组织R3在加紧研究区块链技术的金融应用，德勤已经将这种技术应用于企业审计，纳斯达克市场则尝试利用区块链技术发行证券。

除了R3（全球顶级的区块链联盟）、德勤（Deloitte Touche Tohmatsu）在重点关注区块链技术之外，还有Linux基金会成立于2015年12月的Hyperledger（超级账本）组织。目前，埃森哲（Accenture）、英特尔（Intel）、摩根大通等，都成为Hyperledger项目的首要会员，包括R3也参与到Linux基金会的Hyperledger中。这些金融界的顶级企业，无一例外都想最早在区块链技术上取得收获，以防区块链技术在颠覆世界的过程中掀起巨大的改革浪潮。只要在区块链技术上能够领先一步，就能在变革的浪潮中占据战略的制高点。

那些金融领域中有所想法的人或者企业，大多数已经感受到了区块链技术可能带来的颠覆性影响。不仅是底层可能会被替换，甚至金融业外在的交易形式也可能发生巨大的改变。未来无法跟随区块链技术的发展而发展的公司，很可能会因此而彻底覆灭。因此，全球出现了许多与区块链技术相关的创新型公司，甚至还推出了许多专门用于比特币交易的网站。每个金融业中对区块链技术有所感应的人，都想紧紧抓住未来金融战略的制高点——区块链技术。

德勤中国首席执行官曾顺福指出："作为当下多种热门概念的交集，区块链这一颠覆性的技术在可预见的未来，将深刻影响金融业在内的多个行业，制造跨领域合作的机会，提高资源配置效率，助力产业转型升级，并导致各行业内部的重新洗牌。"

如果金融企业想在未来金融业的"洗牌"中破局站上顶峰，现在就必须尽可能地把握住区块链技术，把区块链技术当作未来金融发展的战略中心之一。虽然区块链现在带给金融业的价值还不是很充足，但是它已经为未来金融业的发展提供了一个巨大的空间。金融机构想要在这个目前未知的空间内得以生存，那么就必须使底层的区块链技术能够稳固发展。

作为目前唯一不需要第三方信任机构就能够实现交易活动的区块链技术，在未来的发展道路与互联网金融相融合，肯定不会只有"比特币"这一种产物，还会产生更多已经想象出或者还未想象出并且非常有价值的新事物。因此，区块链作为底层技术，在未来不仅可能替代现有的金融系统，还可能会给整个世界带来金融模式上的转变，而区块链技术也必将成为未来金融业发展的战略制高点。

第二章　区块链的起源与发展

代号"中本聪"的黑客为区块链技术在金融领域完成了一次名为"比特币"的开头，导致了区块链技术在之后的发展中都无法跳出"中本聪"最初的设计以及比特币应用的束缚。甚至在很长的一段时间内，区块链技术只能隐藏在比特币的背后，等待着相关研究者的发现。直到2015年，区块链成为金融科技的热门词汇，全球范围内对于区块链技术的争议也随之增多——区块链技术到底是重塑金融产业的革命技术，还是一碰即碎的金融科技泡沫？想要知道答案，那么只有回顾区块链从2008年诞生起到目前为止的所有历程，结合区块链技术的进化方式与当下区块链技术所面临的挑战，就能够找到相应的答案。

2008—2014年：比特币背后的区块链

实际上，区块链技术是伴随着比特币的诞生而出现的。

在2008年全球金融危机爆发的时候，名为"中本聪"的黑客发布了最初的关于比特币的神秘论文《比特币：一种点对点的电子现金系统》。当时，论文中并没有提到完整的"区块链"，而是重点讲述了"比特币"。中本聪在论文摘要就提出他想实现的是"通过点对点技术实现的电子现金系统，它使得在线支付能够直接由一方发起并支付给另外一方，中间不需要通过任何的金融机构"。

2009年11月3日，中本聪将他论文中阐述的理想付诸实践，因此"创世区块"诞生了。这种"去中心化"的新型技术在当时并没有引起世界过多的关注，只是"比特币"在当时数字货币行业内得到了一定人士的认可，并且得到了一定的传播。现实中第一次比特币交易发生在2010年5月21日，一名佛罗里达程序员用10000比特币换来了25美元的披萨。而最原始的网络比特币交易，则发生在2009年1月12日，中本聪送给密码学专家哈尔·芬尼，他也是比特币使用的密码学技术"可重复使用的工作量证明机制"的发明者。

随着"创世区块"的诞生，比特币开始逐步发展起来。

2010年7月，世界上第一个相对大型的比特币交易平台Mt.Gox（门头沟）由杰德·麦凯莱布（Jed McCaleb，Ripple的创始人之一）创立。此时，在比特币交易所的推动下，比特币的价格才开始出现增长。而杰德·麦凯莱布在2011年将门头沟转手他人，自己则在2012年创立了Opencoin（Ripple的前身）公司，开始构建基于区块链技术的瑞波币（XRP）。

2011年，中国成立了目前国内最大的比特币交易所——比特币中国（BTC China），进而实现了人民币与比特币之间的交换。而当时的比特币正处于被世界逐步接受的过程中。

比特币缓慢的发展终于在2013年有了重大的突破——这是比特币"涨价"最凶猛的一年。2013年年初，1比特币价值13美元左右。在2013年期间，比特币曾涨到了1242美元，而当时国际黄金的价格是一盎司1241.98美元。这是比特币首次在价格上超越黄金，因此引起了各国政府的高度警惕。

2013年4月16日，门头沟比特币交易所成交量突破历史达到61万，此时比特币汇率为71.76美元。同年6月28日，门头沟得到了美国财政部金融犯罪执法网络颁发的货币服务事务许可。美国政府首次在法律上承认了比特币是一种货币形式，这也是美国政府首次融入比特币，降低比特币风险，促使比特币走向正规。

2013年4月20日，四川发生7.0级地震，Bit Fund（比特基金）发起人李笑来在网络上开展对灾区的比特币捐赠活动，收到了233个比特币，当时折合人民币在22万元左右。同年5月3日，中国中央电视台第一次向中国观众客观地介绍了比特币。虽然当时政府禁止银行参与比特币的相关活动，但是中国公民可以无干扰地进行比特币交易。

2013年5月，比特币天使投资基金孵化器BitAngles成立，它是由来自各地的60多家天使投资机构联合组成的。在5月底，BitAngles就募集到了670万美元，为比特币今后的发展奠定了一定的资金基础。

然而比特币的高速发展并不代表它足够完美，反而暴露出越来越多的问题。其实，这些被暴露出的问题大多数也是它的巨大漏洞，如交易风险大、难以监管、价格波动极大等。

2011年7月，全球第三大比特币交易中心Bitomat运营商宣布记录着17000比特币的wallet.dat文件的访问权丢失。当时，17000比特币相当于22万美元。

2013年11月19日上午，比特币价格最高达到900美元，然后30分钟内又跌到了650美元。比特币固定的2100万数值，让比特币拥有了如同过山车一般不稳定的汇率，因此比特币交易的风险会比一般的金融交易风险更高。

2013年10月2日，一个利用比特币进行地下交易的网站——"丝绸之路"被美国执法部门查缴。"丝绸之路"利用比特币进行非法交易活动，在"丝绸之路"被查缴之前，网站的交易总额保守估计超过10亿美元，其中70%左右都和毒品有关，而另外30%大多数都和盗取各种资料、贩卖枪支以及各种黑市交易有关。而比特币交易在监管方面的缺陷也因此体现出来，正因对比特币的监管漏洞，导致了犯罪分子利用比特币进行疯狂的非法交易。

截至2014年2月，门头沟倒闭使比特币的价格下跌到当年高峰值的1/3。比特币的发展变得十分矛盾。一方面，比特币在全球范围内受到的关注度还在一路飙升，一些大企业都投身于比特币的研究之中；另一方面，由于门头沟的倒闭，比特币的价格一直在下跌，进入2015年都没有发生好转，因此比特币还被称为"2014年最糟糕的投资品"。

但这些比特币的巨大漏洞并没有妨碍全球的比特币爱好者的研究热。相反，伴随着比特币的发展，隐藏在比特币身后的区块链技术也逐渐被世界所关注。

2010年，比特币的内置脚本系统公布后，有人在比特币的相关网站上发帖表示了惊讶和不解："比特币的脚本让我有点紧张，这过于复杂了，而复杂是安全的天敌。"同年，中本聪本人邀请发帖人加入了比特币行业，这个发帖人就是加文·安德烈森，现在的比特币核心人物。

比特币复杂的底层协议造就了比特币实行的可能性。然而，在比特币诞生初期，并没有太多人注意到作为比特币底层技术的区块链。由于比特币在前期发展中非常稳定，所以相关人员才注意到比特币底层技术里可能蕴含着巨大的奥秘。后期比特币的漏洞逐渐增大，因此有人想要通过加固比特币的底层技术来填补比特币的漏洞。为了使研究更加便捷，人们在"中本聪"论文中提到的"区块"与"链"的基础上提出了"区块链"。

区块链技术几乎与比特币是同一时间诞生，在比特币快速发展的期间，区块链作为比特币的底层技术也被大量的研究人员挖掘着。由于区块链技术的价值被越来越广泛地认知，进而投入区块链技术的资源也开始不断增长。

2015年：区块链技术备受关注

2014年被媒体评为"最糟糕投资品"的比特币，在2015年进行了一次重大翻身——被媒体称为"最佳投资品"。此时，比特币的底层技术——区块链技术也成了当年的热门话题，甚至还被媒体评为"光荣伟大正确的高科技"。此时的区块链技术不仅吸引了媒体的目光，还引起了许多学术专家、企业单位、监管机构等多方面的关注。

在学术方面，国内外都举办了许多与区块链技术相关的讨论会议，跨界集结了各个领域的专家、学者、企业家等，对目前区块链技术的认知程度和未来的可持续发展都进行了深入的探讨。

2015年10月15日，中国首届全国区块链峰会"区块链——新经济蓝图"在上海外滩茂悦酒店举办。此次峰会邀请了来自全球区块链领域的技术极客、创业精英、学界专家、投资人、金融机构代表及监管决策者们，共同探讨了关于区块链技术在未来各个领域的应用前景，同时也涉及了当时区块链技术在支付、物联网、大交易量区块链确认技术、去中心化云存储、证券交易、去中心化域名服务器、身份验证与管理、数字资产管理、供应链以及数字货币的波动性解决方案十大领域的应用方向。

区块链不仅在学术上得到了重视，在企业实践方面，越来越多的区块链初创公司、创业公司都走上了正轨，并且部分银行也推出了应用区块链技术的产品与服务。

2015年3月，区块链创业公司——数字资产控股公司（Digital Asset Holdings）指定J.P.摩根公司前高管布莉斯·马斯特斯（Blythe Masters）为公司CEO。而后数字资产控股公司并购了Hyperledger（超级账本）、Bits of Proof（欧洲的比特币软件公司）、Blockstack（总部位于旧金山的区块链初创公司）等来进行区块链技术的产品调整，将重心转移到交易清算和金融机构上。

2015年7月，花旗银行首次在已经研发出的三条区块链上测试一种名为"花旗币（Citicoin）"的加密货币。为了以后能够方便地利用区块链技术的"分布式账本"功能，花旗一直在比特币发展的前几年关注着区块链技术，并在自己的实验室创造了一个"类似比特币"的项目。花旗实验室的创新负责人肯·摩尔（Ken Moor）想要利用区块链技术来实行跨境汇款，他说："因为我们是一个全球性的网络、一个全球性的银行，所以我们应该探索如何使用这种技术来实现资金在国家之间流通，在我们银行网络中流通。"

由企业在区块链技术上的应用可以看出，在2015年人们最主要的还是关注区块链技术在交易和支付上带来的创新。然而，区块链技术大范围的实验、应用，不免给监管部门带来一定的挑战。区块链技术不仅方便了正规企业、银行等机构的交易，同时也会出现类似"丝绸之路"的新型高科技犯罪。由于中本聪2009年公布的源代码是公开可修改的，因此很多投机取巧的黑客，将中本聪的源代码复制过来并改动一小部分，进而制造了"假比特币"。在比特币的价值涨到很高的时候，黑客将这些假比特币贩卖出去，不但让购买者损失巨大，而且购买者也没有任何办法追回自己的损失。

为了预防类似高科技犯罪的发生，全球的监管部门都加强了对区块链技术的监管，甚至部分监管部门还颁布了与区块链技术或者比特币相关的法律。

2015年，监管部门花费了大量精力在解决类似比特币的虚拟货币交易风险上，但是由于区块链技术"去中心化"的特点，当时并没有一个适合的监管办法。因此，监管部门要临时针对虚拟货币的特性重新构建一个监管框架。

2015年5月，纽约州金融服务管理局向比特币交易商It Bit Trust Company LLC颁发了营业执照，这是纽约州金融服务管理局颁发的一个比特币营业执照。当时有20多家公司向管理局申请了该执照，然而最终获得比特币执照的只有It Bit Trust Company LLC一家。管理局表示，It Bit Trust Company LLC可以立刻开始营业，但是必须服从纽约州法律即将出台的BitLicense（数字货币许可证）法案规定的义务。

2015年9月，美国监管机构把比特币和其他虚拟货币定义为"大宗商品"，与原油、小麦等属于一类。

2015年10月，欧洲法院做出了一项重要裁决——比特币交易可以免去增值税。欧洲最高司法机构认定"比特币和其他替代货币应该获得与传统货币相同的待遇"，因此为虚拟币在欧洲的流通奠定了基础，并推动了区块链技术的发展。

随着监管部门对区块链技术在金融方面的认知，更多其他的行业也开始探索区块链技术在各个领域的应用。不仅仅是在支付、交易、众筹、证券等金融领域，甚至医疗、法律等领域都会因区块链技术而发生巨大的变化。

　　Consen Sys协会的主管，安德鲁·基斯（Andrew Keys）在2016年年初，提出了2016年区块链技术发展的16项预言。其中就有提到"2016将是区块链编程遍地开花之年""监管者会逐渐理解并喜欢上区块链技术""律师事务所将开展写智能合约的业务""政府开始意识到区块链技术的潜力""关于区块链的炒作不会停止"等。

　　因此，在2015年，区块链技术已经得到了大多数金融机构以及其他相关企业的认可。虽然区块链技术自身的缺陷不可避免，但是更多人看到的还是区块链技术在未来的应用。世界已经开始认同区块链技术会改变支付方式与交易手段，它潜在的应用价值会给各个行业带来更多突破。

2016年后：区块链重塑金融产业

安德鲁·基斯在2016年年初给区块链技术做出的预言——"遍地花开"在这一年里得到了实际的验证。区块链技术也是从这一年开始，由实验室步入实际应用。

2016年年初，央行宣布基于区块链的数字票据交易平台测试成功，央行发行的法定数字货币已经在该交易平台试运行。同年1月，以太坊（Ethereum）这个名不见经传的区块链品种，总市值仅有7000万美元。在短短两个月之后，以太坊市值最高上涨到11.5亿美元，涨幅达1600%。

由此可见，区块链技术在这一年里产生了爆发式的影响，并且普华永道（PwC）专家指出，2016年前9个月，全球区块链初创企业共获得14亿美元的投资。在2016年之前，虽然许多银行、企业等都在研究区块链技术，但是大多数都停留在理论和实验阶段，并没真正地投入到使用之中。然而，其他领域也存在很多对区块链技术感兴趣的人，他们可能在2016年之前没有机会得到外界财政上的支持，所以一直处于被埋没的状态。然而到了2016年，随着区块链技术火山喷发式的快速发展，许多区块链技术的投资项目也随之崛起，让他们获得了一定的支持。因此，2016年前9个月才会出现如此多的初创企业。这些初创企业，涉及各个行业。普华永道高管、贝尔法斯特区块链实验室的主管谢默斯·卡什利（Seamus Cushley）曾说过，医疗记录、土地所有权登记、数字身份，甚至钻石销售都被转移到区块链上。

无论区块链技术被运用到哪个行业，都展示了其巨大的潜在价值。然而，区块链技术影响最深远的领域莫过于金融业。由于中本聪一开始就是在这个领域进行"比特币"的创造，进而区块链技术在各地专业相关人士的研发中也时常优先实验于支付、交易等金融服务。因此，区块链技术作为一项底层技术，很可能在未来的发展中优先重塑金融产业。

2016年10月，首次世界区块链大会暨"互联网+制造业"创新发展高峰论坛在湖南长沙举办。而在这项会议中，补充货币资源中心创办人史蒂芬·大卫·（Stephen Dvid DeMeulenaere）发表了演讲："区块链技术不仅仅是一个数字价值交换平台，同时也是一个新一代互联网的平台。"

被称为比特币先驱的英国区块链创业家亚当斯·瓦齐里（Adam Vaziri）也在会议的演讲中提出："区块链就是一个新的互联网，它有能力去重塑一个产业结构，同时去创造不可思议的高效性。"

同时中央财经大学欧阳日辉教授也指出了区块链技术的四个关键词：安全、互信、透明、高效。就我国而言，区块链技术的应用也主要在金融行业，主要体现在五个领域：一是贸易结算和跨境支付的应用；二是银行贷款的应用，银行贷款需要解决互信的问题；三是小额贷款，网贷和小额贷款的应用非常好；四是合同与项目的管理；五是票据结算的应用。

可见，区块链技术拥有重新塑造产业结果的潜能，而在目前的情况下最成熟、塑造成功概率最大的就是金融业。区块链技术在重塑金融业上的可行性不可估量，虽然这项技术在应用方面目前并不完善，甚至可以说目前区块链技术的应用只是在初期的起步阶段，但是区块链技术在应用上可能还蕴含着更大的未挖掘的财富，这个巨大的财富很可能就是史蒂芬·大卫所提到的"一个新一代互联网的平台"。

借由区块链技术开辟的新互联网平台，为塑造未来金融产业奠定了基础，证明了区块链技术不仅颠覆了未来的金融业，同时还可以塑造未来的金融业。以区块链技术塑造全新的保险业为例：

保险业最重要的基础就是信任，而区块链技术能完美地解决保险业中的信任问题。

在《区块链重塑经济与世界》一书中也写道：区块链可以和大数据连接，大数据预测分析可以和自动执行的智能合约完美结合。区块链技术加入经济支付层面，作为量化工具，海量自动执行的任务会解放大量的人类生产力。区块链也会促进大数据向下一个数量级发展。通过这项技术，即使没有中立的第三方机构，互不信任的双方也能实现合作。

2017年2月26日，中国上海区块链应用研究中心的成立仪式上，中国保监会原副主席魏迎宁表示："保险的本质是损失分摊机制，基石是信用，现代保险的审核费用占成本的30%甚至40%。即使如此，国内的骗保占比仍不小。所以，保险业非常关注区块链。如果将数据放在区块链上，利用区块链数据的不可篡改性，就能避免合同争议。保险事故发生后，就可以触发智能保险合同，既解决了索赔难的问题，也降低了审核成本。通过区块链重塑保险的诚信基础，使人不能说谎、诚实守信，还需要艰辛的探索，期待区块链可以早日发挥这样的作用。"

可见，保险作为分摊损失的一种方式，利用区块链技术，不仅信任上得到了保障，减少了保险骗局，区块链技术内"数据的不可篡改性"也让买卖保险的双方避免了不必要的麻烦。

除了保险业、证券等企业，银行也从区块链技术中感受到了"威胁"，各大银行也纷纷在区块链技术上做出实际的应用，而不再谨慎小心地停留在理论实验室中。比如，在2017年年初，中国邮政储蓄银行就正式推出了区块链的资产托管系统。

因此，在2016年以后，区块链成为重塑金融业最大的可能性技术。

区块链的进化方式

　　区块链作为底层技术，它为未来许多行业的变革构建了全新的框架。从2008年中本聪发表的第一篇神秘论文开始，到如今对区块链技术在未来世界的应用，区块链的进化主要分为三个阶段：区块链1.0技术时代、区块链2.0技术时代以及区块链3.0技术时代。

　　从第一阶段区块链技术被局限于比特币以及与比特币类似的货币开始，到第三阶段对区块链技术的展望，区块链技术已经远远超出了"区块链之父"中本聪最初的设想。这种起源于"比特币"的底层技术，不仅颠覆了金融业，甚至还能给人类的社会活动带来全新的机制——这种机制不依靠任何法律、口头约定、书面合约，而是依靠编辑好的程序来运行，即使是编写程序的人，也不能改变程序运行的过程以及结果。

第一阶段：区块链1.0技术——数字货币

最初，中本聪发明比特币的时候，甚至还没有"区块链"的概念，区块链技术就已经被运用到比特币的研发中。而比特币是一种"钱"的表现方式，只不过这种表现方式运用的是计算机中的数据。

比特币可以用来支付、交易等，而它也有许多支持者，也就是比特币的"矿工"。全球每天都有许多比特币"矿工"在不断地"挖矿"，直到比特币达到它的上限2100万个为止，"矿工"们"挖矿"的行为都不会停止。被挖掘出的比特币，则可以在特定的交易系统中被当作金钱去使用。因此，货币可以用来支付、交易的特点，成为最初比特币的显著特性。

所以，在区块链1.0的时代，就是中本聪最初诞生区块链技术时的应用方向——"无第三方信任机构"的数字货币时代。

第二阶段：区块链2.0技术——智能合约

区块链1.0的时代是在金钱支付、交易上"除去第三方信任机构"，那么区块链2.0的时代就是实现行业中的"去中心化"。此时的区块链技术已经不仅被用在与比特币类似的数字货币中，还被运用在各种协议中，如众筹、基金、私募股权、养老金、贷款合同、公证等。

在区块链2.0的时代，最主要的部分就是区块链技术实现了智能合约。而智能合约早在1995年尼克·萨博（Nick Szabo）在自己网站上发表的文章中就提出了相应的理念。他对智能合约的原定义是："是一套以数字形式定义的承诺，包括合约参与方可以在上面执行这些承诺的协议。"虽然在1993年，尼克·萨博最早提出了智能合约的理念，但是因为当时条件的限制，很难做到用编程的语言达到"信任"的目的，因此尼克·萨博并没有真正实现智能合约。在此之后，随着比特币等数字货币的流行，区块链技术被逐渐挖掘，进而发现区块链技术能够在计算机编程的基础上达到"信任"的目的，从而使智能合约得到了一次巨大的突破。

梅兰妮·斯万（Melanie Swan）在她的《区块链：新经济蓝图及导读》中提到过智能合约的三个要素——自主、自知和去中心化。

《区块链：新经济蓝图及导读》一书还做出了详细的解释："首先自足表示合约一旦启动就是自动运行，而不需要它的发起者进行任何的干预。其次，智能合约能够自足地来获取资源，也就是说，通过提供服务或者发行资产来获取资金，当需要的时候也会使用这些资金。再次，智能合约是去中心化的，这也就是说它们并不依赖单个中心化的服务器，它们是分布式的，并且通过网络节点来自动运行。"

从梅兰妮·斯万提出的智能合约的三个要素中可以看出，智能合约可以在没有法律条约以及纸质签名合约的情况下，通过编程的方式强制约束建立合约的双方。而这三点要素，在区块链技术的基础上都得到了实现。

因此，智能合约的突破成为区块链2.0时代的重要标志。

第三阶段：区块链3.0技术——社会活动的应用

在区块链2.0时代产生重大突破的智能合约简化了各个行业中复杂的合约手续，那么就可以大胆尝试展望区块链3.0时代。区块链技术的应用已经不仅限制于"行业"中，该技术还能够同时在人类的社会活动中产生巨大的影响。

区块链技术能够用编程完美地解决人类社会活动产生的矛盾，从而使组织活动的效率得到提升。在梅兰妮·斯万的《区块链：新经济蓝图及导读》中，对区块链3.0时代的描述是这样的：

区块链技术能够极大地促进过去由人力来完成的各种协调和确认，促进了更高阶段的，甚至可以说是成就了全新的人机交互方式。从某种程度上说，也许今后所有人类的活动都能够使用区块链技术进行协调，或者最低程度上被区块链概念彻底改变。此外，从功能、实用性以及量化管理来说，区块链技术不仅仅是一种较好的组织模式；通过共识进行操作，这个模式能够从质量上获得更大的自由度和更多的授权，更加平等。

因此，从梅兰妮·斯万对区块链3.0时代的描述中可以看出，区块链技术在未来社会活动中的重大作用，它甚至可以改变人类活动的模式，让事先编辑好的程序来治理社会，从另外一种层面上达到"自治"的效果。区块链技术让人类社会活动在即使没有第三方机构的控制之下，也能够有序、公正地开展，进而简化了复杂的人类活动，避免了其他中心机制的参与。

区块链金融的挑战

　　区块链技术将成为金融业的底层技术已经获得了大部分业内人士的认同。它以建立全新金融框架的方式，将会给金融业带来彻底的颠覆。然而，就目前区块链技术的发展状况以及人们对比特币、区块链技术的认识来看，区块链技术在金融业的应用还面临着许多挑战。

　　首先，区块链技术面临的挑战就是在普通人群中难以普及。就目前而言，区块链技术在金融业的主要应用还停留在数字货币上，然而现在方便易懂的"比特币钱包"程序并不多，至少大多数比特币的交易都是由相关的专业人士在执行。一般情况下，非专业的普通人无法看懂交易界面的编程代码。因此，比特币的交易界面目前还无法像支付宝那样，给普通大众带来直观方便的感受。

而且，建立在区块链技术基础上的数字货币，很难真正取代金钱在人类心中的概念。类似比特币这样完全客观的价值很难得到社会中大多数民众的认同。"钱"毕竟是社会千年来发展的产物，从最初人们使用贝壳来交换物品，到现在用纸质的"钱"，金钱的概念已经深入人们的心中。而区块链技术即使从中本聪2008年写的第一篇论文开始到现在，还不足十年，因此，区块链技术发展还不够成熟，还存在着许多安全问题。这些安全问题很可能会导致类似"丝绸之路"的事件不断发生。

由于区块链技术发展不成熟，导致了基于区块链技术上的数字货币想要取代传统意义上的现金，成为无比艰难的事情。虽然说数字货币取代现金不是完全不可能的事情，但是至少在现在以及短时期的未来是难以做到的。

其次，区块链技术本来就存在延迟性，而且区块链技术的延迟时间会随着"区块"的不断增加而增多。就比特币来说，虽然现在比特币的交易结算时间平均是10分钟，然而在现实交易的过程中延迟并不是平均分配的。现实中比特币的交易结算时间有时可能是几十分钟，如果比特币交易的数量大，可能还需要更久。

基于区块链技术的数字货币因为需要验证交易结算的正确性，确保交易过程风险最低，尽可能地避免"双花问题"，所以需要较长的时间来进行计算，进而造成了极高的延迟。然而，在如今互联网的时代，高延迟是一个极其可怕的死穴。可能对目前比特币的大多数操作者来说，10分钟并不算什么，然而站在互联网的角度来看，10分钟足以实现上万次的计算。

再次，金融的部分商业模式也给区块链技术带来了挑战。现在很多传统的金融商业模式并不适合区块链技术的发展，有些甚至会产生冲突。虽然区块链技术提高了银行等金融体系的运行效率，然而在区块链技术刚刚起步的阶段，大多数人还是把这项技术看成与银行等金融体系对立的存在。毕竟普通人群对区块链技术不了解，而区块链技术确实还只是一项新技术，它很可能存在着许多人们目前没有发现的隐患，所以对大多数金融企业来说，可能传统的模式会更加安全。虽然在区块链技术发展时期，产生了很多其他的新技术也可以用到商业模式中，如智能合约。但是就目前的情况来看，智能合约作为区块链技术的上层，存在着更大的安全问题。

2016年6月17日，区块链众筹项目The DAO，上层的智能合约出现了漏洞，进而被黑客攻击，造成了300多万以太币的损失。

而且区块链技术的"去中心化"给金融商业模式的监管带来一定的困难。虽然"去中心化"的模式颠覆了传统金融业，但是"去中心化"将中心弱化到各个"区块"，从某种意义上来说就是没有主体，那么监管方面也很难做到监控每个"区块"的运行。

最后，就目前区块链技术重点运用的比特币来说，存在着大量的资源浪费问题。比特币需要"矿工"不断地挖掘才能产生，而"矿工"挖掘比特币也需要价值高昂的"挖矿"设备。虽然"矿工"们可以把挖到的比特币作为"挖矿"的奖励，但是依旧避免不了挖矿过程中产生的损失，而且这些损失随着比特币被不断挖掘会越来越大。这些由于挖矿产生的损失，并不能作为多余的资源用在别的方面，这些资源只能被浪费在"挖矿"上，并不能产生任何实际的用途。

尽管区块链技术还存在着许多不稳定因素，但是也不能阻止区块链技术在金融业的发展。仅仅是比特币，就已经给金融业带来了巨大的冲击，而区块链技术今后的应用还没有完全开发，然而大多数相关人士都已经能够预测出该技术在未来产生的深远影响——"去中心化"的想法已经深入人心。即使比特币不能代替一般的流通货币，但是比特币带来的区块链技术也足以颠覆金融业。即使区块链技术存在许多挑战，以及目前还没有被人们发现的隐患，但是这些现阶段的挑战，随着世界科技的进步，也总会有破解的一天。

第三章　区块链的技术原理

自从区块链诞生之后，总会为金融领域带来源源不断的惊喜与创新动力。想要把握住区块链带来的创新动力，就要了解区块链内所有的基础知识，它包含密码学基础、共识算法、分布式等。并且熟悉从这些基础之上衍生出来的，与区块链有着直接关系的分布式账本、智能合约、侧链技术等初步应用方向。而且要从区块链技术的原理中准确地找到它的关键点，理解区块链技术每个关键点的意义，才能看清区块链技术为人类带来的优势。同时，在区块链技术的原理之上，还要能看清它本身的缺陷，因为并不是所有的技术从诞生开始就是完善的。只有清楚了目前区块链技术的优点与缺陷，才能从区块链技术的本质上进一步让它在金融领域中运行起来。

密码学基础

所有的事物都不是凭空创造的，区块链技术也一样。大多数人都知道区块链技术起源于比特币，却很少有人能注意到区块链技术里最主要、最强大的部分——密码学。可以说，区块链就是一门靠着庞大复杂的密码学系统支撑起来的技术。既然可以说区块链能够作为其他相关行业的底层技术，那么密码学就是区块链技术的底层。

区块链技术中运用的密码学主要为非对称法和哈希函数。这些加密算法不但保证了每个新"区块"能与上一个"区块"安全连接，并且保证了

"链"中的每个"区块"上的数据的正确性，也保证了这些数据不会被篡改。非对称加密算法与哈希函数相辅相成，在区块链技术中被运用在数字签名以及时间戳之中，进而保证了区块链技术的安全、全网公开等特性。

1. 非对称加密算法

1949年，香农发表了《保密系统的信息理论》，为对称密码学建立了稳固的基础，进而使对称密码学进入了一段繁荣发展时期。加密者与解密者都在密钥的基础上，对信息进行加密与解密，因为此时的加密算法与解密算法是完全相同的，所以这种算法被称为对称加密算法。而对称加密算法存在着一个巨大的破绽，那就是加密者在传递信息的过程中必须要把密钥也附上，只有这样解密者才能解开密码。因此，如果想使用对称加密算法来传递信息，就必须要花费大量的精力去研究安全传递密钥的方法。

1976年，怀特菲尔德·迪菲（Whitfield Diffie）和马丁·赫尔曼（Martin Hellman）提出了"非对称密码体制"的概念，进而产生了非对称加密算法。所谓的非对称加密算法，就是运用公钥和私钥在不直接传递解开密码的密钥的情况下，使加密的信息解密。也就是说，加密的方式和解密的过程可以是完全不对称的关系。而后，非对称加密算法经过了进一步的发展，成为基于椭圆曲线算法等函数之上的非对称加密算法，为数字签名以及时间戳服务都提供了一定的密码学基础。

目前，区块链技术中使用的非对称加密算法主要有以下三个特点：

（1）加密时使用的公钥是公开的，"链"上的每个"区块"都可以看见所有的公钥；

（2）解密时使用的私钥，只有包含密文的"区块"才拥有，因此被加密的密文只有拥有私钥的"区块"才能解开；

（3）其他人根据"区块"公开的公钥不能反向推理出密文的原信息，只有用另外的私钥才能解开密文。

因此，从区块链技术在除去第三方机构就能够给人带来信任的角度来看，非对称加密算法则是利用密码学产生"信任"的基础。

2.哈希算法

哈希算法，也就是SHA（Secure Hash Agorithm）算法，属于散列函数密码。其中包括了SHA-1、SHA-2，而SHA-2中又包含了SHA-224、SHA-256、SHA-384、SHA-512。SHA-1已经被使用在许多安全协议中，然而SHA-1在2005年已经被我国的密码学专家王小云等破译。虽然SHA-2算法与SHA-1相似，但是SHA-2至今没有被完美破译，比SHA-1安全性更高。

而中本聪在设计比特币的时候主要运用的就是SHA-2算法，进而该算法被主要应用于区块链技术。所谓的SHA-256算法就是把接受的任意长度的数据，转化成输出固定为32字节的散列，也就是说，SHA-256算法的输出长度永远都是256位。因此，SHA-256哈希函数确保了每个"区块"中的数据都不可篡改以及信息的真实性。

SHA-256哈希函数还具有一个关键特性——单向性。也就是说，从计算机0和1组成的输出语言中，想要反向推理出原来数据几乎不可能实现。而由于SHA-256哈希函数输出固定为256位，即使遇到一条包含了庞大信息的数据，也能够在极短的时间内得到最终的固定输出。

除了SHA-256哈希函数自身具备的单向性之外，在区块链技术中，还需要额外拥有免碰撞性。而所谓的"碰撞"指的是当一个哈希函数为多个信息进行加密的时候，可能会产生相同的256位输出。因此，只有避免"碰撞"，才能保证不同的信息经过算法加密后输出的结果不同，进而确保信息的准确性和完整性。

然而并没有永远安全的算法，SHA-256算法只能保证区块链技术目前的安全性的算法。在区块链技术今后的发展中，必定会出现取代SHA-256算法的算法，使区块链技术能够更加安全。中本聪本人也承认，算法的升级是必要的过程。

3. 数字签名

数字签名则是在区块链技术中把哈希函数、密钥全部运用到的重要机制。数字签名主要有两个作用：第一是给发送节点公钥和私钥，因此确定了消息是由发送节点发送；第二则是运用哈希函数确保了信息在发送过程中完好无损。

比如，A要向B发送一定数量的比特币，而B要知道这些比特币是由A发送的，就必须要在这些比特币上看到A的"签名"。

因此，数字签名最主要的作用就是证明信息是由发送方发送。而所有的签名信息都会被记录在"区块"里，既不能更改，也不能伪造。

4. 时间戳

数字签名虽然是区块链技术中的重要部分，但是并不代表数字签名一定完美无缺。信息在传递过程中存在的时间差问题，则无法被数字签名解决，因此还需要时间戳来解决。

万向区块链实验室发起人肖风在为《区块链：新经济蓝图及导读》写的序（《区块链——互联网金融的终局》）中提到："人们把一段时间内的信息，包括数据或代码打包成一个区块，盖上时间戳，与上一个区块衔接在一起，每下一个区块的页首都包含了上一个区块的索引（哈希值），然后再在页中写入新的信息，从而形成新的区块，首尾相连，最终形成了区块链。"

由此可见，时间戳也是建立在公钥密码学基础之上的系统。但是与数字签名不同的是，时间戳主要负责记录每个"区块"接受信息的时间，确保了每条信息的先后顺序，进而保证了每个"区块"都能做出一致的判断。

共识算法

共识机制是区块链技术中非常重要的部分。而所谓的共识机制，就是让"账本"中所有负责记录的"区块"能够达成一致，进而判断出信息的准确性。要想每个"区块"都能够达到共识的目的，就需要依赖共识算法。而目前区块链技术的共识算法主要有PoW（Proof of Work工作量证明）、PoS（Proof of Stake权益证明）、DPoS（Delegate Proof of Stake股份授权证明）、RCP（Ripple Consensus Protocol瑞波共识协议）等。

1. PoW：工作量证明

"区块链之父"中本聪最早提出的共识算法就是工作量证明，因此工作量证明最早的应用就是比特币，之后也被其他人用于莱特币等类似比特币的数字货币上。而所谓的工作量证明，顾名思义，就是证明"矿工"们的工作量，工作量的产生则主要依赖于机器进行大量的数学运算。

其实，工作量证明的概念早在1993年就已经被人提出，提出者是辛西娅·德沃克（Cynthia Dwork）和莫尼·纳奥（Moni Naor）。他们在学术论文中指出，工作量证明需要发起人进行一定的运算，因此需要消耗一定的时间。中本聪将工作量证明应用到区块链技术上，进而实现了区块链技术的"去中心化"，让节点上的信息能够全网公开。

工作量证明虽然现在被大量地运用到各种数字货币中，但是它的缺点也十分明显：比特币的"挖矿"产生了大量的资源浪费；随着"区块"的连接增长，共识达成的延迟也在增加；比特币占据了全球大量的市场，大部分算力都集中在比特币上；工作量证明的容错量也不是绝对的，它只能允许全网50%的"区块"出错……因此，工作量证明的这些缺点，最终导致了这个共识算法不能被广泛应用。

2. PoS：权益证明

权益证明是工作量证明的升级共识机制。这种共识机制是根据货币持有者拥有货币的比例和时间，等比例降低了计算难度，从而加快了"挖矿"的速度。虽然权益证明降低了机器的计算难度，在某种程度上降低了对机器的性能要求，但是它让持有者的数字货币"钱包"与区块链技术进行绑定，拥有数字货币的数量越多，"挖矿"成功的概率才越大。因此，权益证明具有的优点是：降低了计算力，缩短了延迟。

然而丹尼尔·拉力莫在论文《基于权益证明的交易》中写道："现有的权益证明体系，如点点币，是基于"证据区块"基础上的，在"证据区块"中，矿工必须达成的目标与销毁币天数是呈负相关的。拥有点点币的人必须选择成为权益证明的挖矿人并在一段时间内贡献他们的一部分币来保护网络。"

因此，权益证明也不是完全弥补了工作量证明的不足，它只是在工作量证明的基础之上进行了部分改善。它还是没有摆脱对"挖矿"的需求，在本质上并没有完全解决工作量证明存在的问题，只是将工作量证明的问题弱化了。而且权益证明还需要"矿工"贡献已有的资源来进行网络维护，在某种程度上，这也降低了"矿工"挖矿的积极性。

3.DPoS：股份授权证明

股份授权证明比权益证明更加权威，它类似于投票机制，是在权益证明的基础之上创造出的共识算法。而创立这种新算法的初衷，是为了保障数字货币的安全。在股份授权证明中，与一般区块链技术的共识算法不同的是，它仍然存在着一定的中心——"受托人"，只不过这个"受托人"中心受到了其他"股份"持有者的限制。因为系统选举受托人是绝对公平的，任何股份持有者都有成为"受托人"的可能。

而股份授权证明与权益证明最大的区别，是股份授权证明不用强制信任拥有最多资源的人。这样股份授权证明既拥有了一部分中心化易监管的优势，又维持了"去中心化"的特点。因此，股份授权证明具有许多优点：大面积减少了"记账"的"区块"，进而提高了运行效率；使持股者的"盈利"最大化，使机器设备的维护费减到最小；使整体的成本缩减到最低，避免了不必要的资源浪费。

然而，股份授权证明并没有做到真正的"去中心化"，而且在由谁来生产下一个"区块"方面，股份授权证明也存在着一定的争议。因此，股份授权证明也不是绝对安全可行的共识机制，它的运行方式只适用于部分领域。

4.RCP：瑞波共识协议

2013年，美国旧金山的瑞波实验室提出了一种新的互联网金融协议——

瑞波协议。这种协议的目的，就是实现全世界范围内所有有价值物品、金钱、虚拟货币的自由交易，并且可以达到高效率的转换。

而瑞波共识协议的本质就是在权益证明基础上的进一步升级。瑞波协议在接纳"新成员"的时候，原有的"老成员"集体投票有51%的通过率即可，因此，外部的因素根本不会影响到内部的接纳"新成员"过程。进而，瑞波协议在内部执行上避免了许多外界因素的干扰。尽管瑞波币与比特币一样采用了点对点的支付方式、源代码开放等，但是瑞波币能积极配合监管部门，加快银行、金融企业等融合，使瑞波币在短时间内得到了极大的好评。

区块链技术中的共识机制，除了目前主要的工作量证明、权益证明、股份授权证明、瑞波共识协议之外，还有改进型使用拜占庭容错机制（PBFT）、Pool验证池、小蚁共识机制（dBFT）等。这些共识机制在不同的金融企业中，大多数已经被应用于区块链技术中。这些共识机制在不同的场合，运用不同的方式，实现了同一个目标——使每个节点都能够达到一致的效果。

分布式账本

在金融交易中,想要同时保护身份信息以及资产安全,是一个艰难的问题。现在一些大型企业往往会集中记录储存客户的资料,这种只有一个账本记录信息的方式,往往会因为黑客的攻击而导致资料大量对外泄露,最终影响了客户的隐私安全。

而分布式账本就能完美地解决这个问题。由于区块链技术的实质是建立在分布式基础上的一个去中心化的数字账本,因此,区块链技术必定是分布式账本。然而分布式账本不一定是区块链,有可能在某些场合区块链技术仅仅只能作为分布式账本的底层技术。

从实质上来说，分布式账本就是在互联网中的各个节点上，记录下全网络的所有数据信息。只要参与到分布式账本的运行中，都会成为网络中的一个"小账本"，网络中有任何变动，账本都会自动记录下来。而被记录在某个"小账本"里的信息，又可以通过一定的渠道将信息直接传达给其他的"小账本"。在这个没有中心的大账本里，每个小账本都可以视为独立的存储仓库，而且每个小账本里都有对应密钥来保证这些信息的安全性。由此可见，分布式账本可以分化为分布式记账、分布式传播、分布式存储三个部分。

在区块链技术中，已经产生交易关系的"区块"会形成一条"链"，而每一个参与到交易过程的"区块"都会记录下这条"链"上的所有信息，这就是分布式记账。因此，分布式记账就是一个人人都可以记账的体系，进而让每个人都能参与到记账的过程中，确保了每个节点之间信任的构建。也正是因为有分布式记账，才能够保障在"链"上的某个"区块"万一没有记录下全部信息，而其他"区块"上保存的信息也能进行填补。

在区块链技术中，每笔交易都是在分布式系统里进行的，因此分布式传播就是将一个"区块"上的消息，传递到除了传给自己消息的"区块"以外，其他全部"区块"上。分布式传播保证了信息能够有效、快速地进行传递，并且该传递方式是个体对其他个体的直接传递，没有中间机制的参与，进而最大限度地节省了传递的时间，提高了分布式账本的运行效率。

而分布式存储，就是让所有的数据都可以存储在一个"区块"上，并且在对信息的筛选与更新方面，所有"区块"都能达到一致性。因此，当有外界黑客攻击某个"区块"的时候，即使造成了该"区块"的损失，但是其他的"区块"上也都记录了与被攻击"区块"相同的信息，所以在某种意义上分布式存储有一定的安全性，不会造成信息资源的损失。

正因为有分布式记账、分布式传播、分布式存储，因此分布式账本才能颠覆传统账本。传统账本只是由某个单个的核心来记录，而分布式账本则让每个参与到账本记录过程中的人都能够备份账本上的内容，进而保证了账本中所有的信息都能够全网公布，确保了账本在遭到外界攻击的情况下，信息的损失可以降到最低。就算有人想要篡改账本上的记录，也没有人能够同时做到把别人账本上的信息一同篡改。

理论上，每个小账本中的信息在整个分布式账本中应该是共享的，没有人或者其他机构能够改变分布式账本上的任何信息，因此不用担心由于黑客等外界因素的攻击，导致信息的泄露或者资产的损失。在去中心化的情况下，巨大的数据存储量让分布式账本信息的准确性与安全性几乎无懈可击。只要不是整个网络遭到毁灭性的破坏，分布式账本就会一直运行。所以，分布式账本在金融业中的运用，可以解决很多问题。比如，减少过高的交易费用、减少系统的维护费用、降低交易风险等。

减少交易费用是由于分布式账本的去中心化，可以省去金融交易的中间机构或者多个隐藏在后台的控制机构，因此就不用交易双方承担第三方见证机构的费用。

而且在传统的金融业中，交易中的第三方机构必须也要自我维护才能持续发展，而用来维护第三方机构的资本往往也来源于进行交易的双方。在分布式账本中，由于账本可以自动吸纳其他的"小账本"，完成自我更新与维护，因此节省了一大笔维护的费用。

就算外界攻击了分布式账本上的某个节点，并使那个节点发生"异变"，但是其他的节点也不会受到"异变"的节点传输错误信息的影响。即使其他节点接收了错误信息，但是那些错误信息也不会被判定为有用、可执行的命令，因此使金融交易中存在的风险也降低了许多。

分布式账本的精髓就是形成一个由点构成的网络，而这个由点构成的网络有极大的可能性取代传统金融业中的各个中间平台。虽然这个网络目前还存在很多挑战，甚至还有很多未知的隐患，但是这个特殊的点对点网络在未来的发展与应用才是真正的关键，因为任何挑战与未知的问题在未来都有可能被破解。

智能合约

　　传统意义上的合约，相当于合同、契约。在金融交易中，当交易的双方不能信任彼此的时候，往往会通过签订文字合约的方式来创造信任。虽然合约在人类发展的过程中出现得很早，但是传统意义上的合约依然存在许多漏洞。即使法律给予了合约一定的保护措施，但是违约现象仍然屡见不鲜。在签订合约之后，因为对方违背合约而产生损失的一方想要追回损失时，必须要法院等第三方机构介入，还要支付给第三方机构一笔用来维护信任的费用。然而有时候，即便第三方机构能够及时介入，往往也不能追回全部的损失，特别当违约方造成了重大且不可逆的损失的时候，想要追回损失几乎成了不可能的事情，因此产生损失的一方只能自己承担全部后果。

而智能合约就能够弥补传统合约的不足之处。它不仅与传统合约有着许多相似的地方，比如都需要交易双方履行各自的义务，也会记录下违约方应该受到的惩罚等，而且比传统合约更加安全、可信。"智能合约之父"尼克·萨博在其相关论文《智能合约（Smartcontracts）》中，把智能合约定义为：

"一个智能合约是一套以素质形式定义的承诺（promise），包括合约参与方可以在上面执行这些承诺的协议。"

同时，尼克·萨博在论文中提到了关于智能合约的几个重要部分：

（1）选择性地允许业主锁定和排除第三方；

（2）允许债权人接入的秘密途径；

（3）在违约一段时间且没有付款时秘密途径被打开；并且最后的电子支付完成后将永久地关闭秘密途径。

因此，从本质上来说，智能合约是一个依靠代码来实行的合同，是一种能让交易双方达成共识的新方式。它不需要依赖任何机构就可以构建信任，甚至避免了违约的发生，进一步省去了传统合约签订过程中必须要有的双方共同信任的第三方机构。

其实，"智能合约"的理念早在20世纪90年代就已经被尼克·萨博提出，但是由于当时的条件限制，缺乏一个可编程的数字系统，导致了智能合约一直不能真正地实现。直到区块链技术的出现和发展，它的全网公开、去中心化、不可篡改等特性为智能合约提供了一个数字化可编程的系统，进而智能合约的发展才出现了机会。

特别是在区块链2.0的时代，智能合约的发展尤为突出。智能合约几乎融合进应用区块链技术的每一个领域中。无论是类似比特币等数字货币的交易，还是一些应用区块链技术的数字货币机构，在智能合约的影响之下，都可以在交易双方本身没有信任的条件下，实现由程序来强制交易双方彼此履行各自的义务。甚至智能合约还跳出了特定的交易范畴，延伸到整个市场中，使整个市场都能够实现在去中心化的情况下，达到彼此信任的目的。

从表面上看，智能合约是与区块链技术一同发展的、由代码编写的、可以自动执行的程序。在不需要人为监控的情况下，它不仅能强制合约里的双方完成各自的义务，还能实现自我更新。但是，这并不代表智能合约就是人工智能，也不代表智能合约就是区块链技术的应用程序。多伦多的企业家威廉·穆贾雅（William Mougayar）在《关于区块链的九个误区》中提到：

智能合约本身并没有那么"智能"。智能合约不是真正的运行于区块链的软件代码，它们由外部数据生成，由此可以修改一些其他的数据。所以，智能合约更符合事件驱动型概念，而不是人工智能。

智能合约是去中心化（区块链）应用程序的一部分，一个应用程序可能有多个合约。例如，如果智能合约满足了某些条件，这个程序就可以更新数据库。

智能合约在区块链技术的应用中，它的主体目前仅限于代码。因此，智能合约代码运行的方式都是可计算推导的，还远远达不到人工智能的程度。而且由于目前区块链技术的不成熟与不完善，进一步决定了智能合约发展中不可避免地出现了大量的问题。

首先，智能合约的应用还处于初级阶段，在安全问题上面临着巨大的挑战。由于区块链技术的不可篡改的特性，当智能合约产生错误需要改正的时候，外部人员根本无从下手，只能眼睁睁地看着错误的交易进行。比如，当监管机构发现罪犯利用智能合约骗取别人的资金，但是在智能合约上，监管机构不能插手，只能任由智能合约强制执行，即使在交易结束后也很难追回被骗取的资金。或者当编写智能合约的程序员想要骗取双方交易者的资金时，他可以故意设计一个存在漏洞的智能合约，那么双方交易者很可能就会因为这个漏洞而遭受损失。因此，在去中心化的智能合约里，所有的用户万一出现损失，也只能自己承担。

其次，智能合约目前还不等同于法律。威廉·穆贾雅在《关于区块链的九个误区》中还提到过：

智能合约还不受法律约束，但是它们可以代表部分法定合同。关于智能合约的合法性仍在探索中。智能合约可以用于审查跟踪，来证明是否遵循法定合同的条款。

根据威廉·穆贾雅提到的内容可知，当智能合约万一出现执行失败的情况时，也没有相应的法律来解决这一问题。毕竟智能合约是由人来编写的代码，没有人敢保证智能合约在执行的过程中绝对不会出现错误。

最后，就是智能合约的发展依旧存在着各个方面的阻碍。虽然区块链技术的出现为智能合约的发展提供了一次机会，然而这并不代表智能合约以后的发展都可以一帆风顺。基于目前的状况来看，智能合约的执行主体还是停留在与区块链技术相关的数字资产之上，而区块链技术的不成熟，以及数字资产的稀缺都限制了智能合约的发展与应用。因为区块链技术的不成熟，导致了智能合约发展的不成熟，而区块链技术在未来发展中可能存在的问题，也为智能合约埋下了许多未知的隐患。在没有把区块链技术与智能合约研究透彻之前，也没有人敢大规模地把智能合约真正地应用起来。在大多数情况下，智能合约只是用在一些试验中。

由此可以看出，想要广泛地运用智能合约，就必须为智能合约构建一个完善的、以区块链技术为底层的系统。即使目前智能合约能给人带来诸多便利，但由于它的不成熟，也注定了它还需要走很长的一段路才能彻底走进人类的生活中。但是，即便目前的智能合约在发展上还存在着许多挑战，也不能阻止人们对智能合约在未来应用上的期望。

智能合约在世界今后的发展中，可能会在一定程度上改变人类社会各个行业的结构。因为智能合约已经借由区块链技术在全球金融体系中埋下了种子，传统意义上的合约已经不能满足人们的需求，那么只要有一个合适的机会，智能合约就会蓬勃发展起来，并被应用到各个领域。到时候针对不同的需求，会产生更多不同的智能合约程序来满足人们，而目前智能合约的缺点也会被逐渐解决。

侧链技术

侧链（Sidechain）技术实质上就是一种特殊的区块链技术。它使用了特殊的楔入方法——双向楔入，实现了侧链与主链之间信息资源的互相转化，因此侧链技术又叫楔入式侧链技术。假如主链上的资源是比特币，侧链上的是除比特币以外的其他信息资源，那么通过主链与侧链的特殊对接，就可以实现两种资源互相转化的目的。

因此，侧链技术在某些程度上为区块链技术带来了重大意义。

首先，侧链技术使比特币在交易方面产生了重大的突破。侧链技术使比特币不再局限于一个区块链，而是让比特币可以流通到其他区块链上，进而使比特币的应用范围变得更加广阔。而且，如果想实现每个数字货币之间自由的流通转换，那么，就需要依赖侧链技术来使它们对接。

其次，侧链技术拥有相对的独立性。当主链以外的其他区块链出现问题的时候，侧链技术就可以避免主链因为碰到这些问题而发生错乱。因为侧链相对于主链而言，就像是另外一个"分布式账本"，虽然它们用一种特殊的方式彼此对接，但是，即使侧链没有主链，它也可以独立运行。

再次，侧链技术拥有相对的灵活性。因为在区块链技术的应用中，并不是每个领域都需要非常严谨的"主链"。因此，可以针对不同领域的需求来定制不同的侧链。根据研发者量身定制的侧链，不仅可以更好地配合研发者的需求，还可以避免在研发过程中可能对主链产生的潜在威胁。

最后，侧链技术还可以避免主链的失控。因为区块链技术是一项"线型"的技术，所有的"区块"在不断连接的过程中会形成一条线。随着"区块"无限制地增长，主链逐渐变得难以控制。

中本聪在最初设计的时候将每个区块的临时上限设定为1MB大小，而这个临时上限随时都可以发生更改。随着科技的发展与信息的膨胀，大多数人认为1MB已经满足不了人们的需求，所以他们都希望可以进行扩容。但是以1MB的大小为基础计算，每年都会增长将近50G的数据，而数据的增长速度还在随着比特币等数字货币的交易增多而加快，因此从创世区块诞生开始算起，直到50年后，数据大小可能已经不止2.5T了。

侧链技术就可以避免主链无限制的衍生。使用侧链技术来扩展存储容量，不仅减轻了主链的负担，还能够实现人们想要扩容的愿望。

基于侧链技术对区块链技术产生的这些重大意义，侧链技术在未来的发展方向变得更加多元化。在BlockStream公司发表的《侧链白皮书——用楔入式侧链实现区块链的创新》中，就给出了侧链技术在目前以及未来的四个主要应用——竞争链实验、技术实验、经济实验、资产发行。

竞争链实验，简单地说，就是在比特币主链的基础之上创造一条竞争链，这条链的资源来源于主链。但是，一定要注意不能混淆竞争币与竞争链的概念。所谓的竞争币是在比特币开源项目的基础上，修改比特币的源代码，使用区块链的技术产生的新数字货币；而竞争链上的资源则不一定是数字货币，它还可能包含着其他信息，但是它与比特币主链进行对接的时候，可以实行主链上的比特币与自身信息的转换。

技术实验，就是利用了侧链技术的独立性与灵活性。比如，当比特币想进行转移的时候，就可以利用侧链来对比特币进行临时性的转移，利用侧链技术不仅避免了创造一条可以产生新数字货币链的麻烦，还间接保护了比特币主链的安全。

经济实验，则是在侧链技术的基础之上，为人们带来另一种奖励。其中运输币（Freicoin）首次使用了这种办法。众所周知，比特币的产生是由于"矿工"们挖矿带来的奖励，而中本聪在设计的时候为了避免挖矿带来过分的"通货膨胀"，为比特币设计了2100万的上限，并且随着挖掘比特币数量的增多，挖矿获得的比特币也会越来越少。而运输币则在侧链技术的基础上想到了"滞期费"。而所谓的"滞期费"在《侧链白皮书》中被给予以下阐述：

在滞留型（demurring）加密货币中，所有未花费的输出将随着时间推移而减值，减少的价值被矿工重新采集。这在保证货币供给稳定的同时，还能给矿工奖励。与通货膨胀相比，这或许能更好地与用户利益保持一致，因为滞期费的损失是统一制定并即时发生，不会像通胀那样；它还缓解了因长期未使用的"丢失"币以当前价起死回生可能给经济带来的冲击，在比特币系统中这是一种能意识到的风险。

因此，不同的运输币持有者都会定期自动提交运输币，以保证运输币能够正常流通。而运输币的官方网站也发布了推行"滞期费"的说明：

消除货币与资本商品相比拥有的特权地位，这种地位是造成繁荣/萧条的商业周期以及金融精英势力的根本原因。

资产发行，则利用了侧链也可以产生新数字货币，而后将自己的货币与主链上的货币进行转换的特点。在《侧链白皮书》中提到：

资产发行链有很多应用，包括传统的金融工具，如股票、债券、凭证和白条等。这使得外部协议可以将所有权及转账记录跟踪等授权给发行所有者股份的那条侧链。发行资产链还可支持更多的创新工具，如智能财产。

因此，侧链技术在资产发行方面并不仅限于数字货币，还可以产生其他的资源信息，进一步实现了在已有主链资产的情况下，还可以创造出更多的资产。

侧链技术不仅在竞争链实验、技术实验、经济实验、资产发行上有重大的作用，还可以应用于其他方面。比如，在以比特币为主链的基础上，让侧链发放新数字货币来补贴比特币价值的不稳定；把侧链技术应用于降低数字资产太过集中而带来的风险方面。比如，预防类似The DAO事件的发生……

侧链技术在区块链技术上进行延伸，完成了许多区块链技术目前不能执行或者不敢执行的实验项目，还避免了比特币主链被其他数字货币打压的风险。虽然侧链技术还没有融入广泛的应用中，但是Blockstream已经开始在比特币链的基础上，进行大量的侧链实验。

区块链技术的关键点

从区块链技术的整体上来看，它的关键点关包含：去中心化、去信任、集体维护、分布式、开源性等。

1.去中心化

去中心化是区块链技术的一个重要特点，指的是区块链技术将中心弱化到各个节点上，因此区块链技术并不是完全不需要中心。区块链技术使系统中的每个节点都能够成为中心，从而独立运行，还能够完成节点与节点之间的直接交易。

区块链技术上的每个"区块"都像一个小型数据库，所有节点都可以使用对应的密钥，去查阅每个"区块"里保存的所有数据。而且，除了网络延迟可能造成信息没有及时送达到下一个"区块"以外，每个"区块"中保存的数据信息几乎相同。区块链技术没有任何可以操控其他"区块"信息的大中心，而且想要通过一个"区块"，进一步控制其他"区块"，这几乎不可能实现。

因此，去中心化也是区块链技术的核心特点。从目前来看，在金融交易中，去中心化能够最大限度地减少交易成本。而站在未来的角度，去中心化的核心特点在区块链3.0的时代得到了最大的拓展，甚至会成为未来世界的发展方向。

2. 去信任

去信任是区块链技术要达到的目标之一。但是，所谓的"去信任"并不是指让使用者在应用区块链技术的过程中不信任或者不产生信任，而是在应用区块链技术的项目中，达到去掉第三方信任机构的目的。

在这个信息爆炸的时代，交易双方时常不能直接判断出对方信息的真假，所以需要强大的第三方机构介入交易过程中，来建立交易双方的信任。这个第三方信任机构往往在中间会收取大量交易者的资源，用来维护自身的发展。即使所有交易者都知道第三方机构会在交易过程中耗费大量成本，但是他们都必须依赖第三方信任机构，来维护交易双方的信任。

而区块链技术会构建出一套独特的信任机制——在去中心化的前提下，实现节点与节点之间直接进行信息交易。区块链技术能够不停地接受大量外部信息，同时让这些信息在"区块"中存储、不可修改，并且其他"区块"中都包含了信息的备份。那么，任何节点上的人都可以通过"区块"获得交易对象的数字信息，通过区块链技术来判断交易对象是否可信任，甚至可以通过区块链技术，在交易过程中强制让交易对象执行交易程序。

区块链技术实现了去信任，从而证明了区块链技术的公开性、透明性。因此，区块链技术本身就在"创造"信任。

3.集体维护

集体维护的主要含义是：区块链技术涉及所有包含数据信息的"区块"，由不同的节点共同维护。也就是说，某个"区块"上包含的某条信息，其他"区块"上也有这条信息，并且其他"区块"都认同这条信息的正确性。因此，集体维护在维护信息的同时，还能够从一定程度上监管信息的正确性，进而使区块链中的信息不会被轻易篡改。

集体维护成为区块链技术内部主要的监管方式，而这个监管方式为区块链技术"创造"信任价值奠定了一定的基础。

4.分布式

分布式在区块链技术的传递与存储信息的方法上都有体现。由于每条"链"的每个"区块"上，都存储了这条"链"的全部信息，每个"区块"在接收到新数据的时候，会将新数据传送给其他"区块"，进而每个"区块"都相当于一个数据库备份。当外界黑客对某个"区块"进行攻击的时候，并不会对整条"链"产生影响。系统会自动进行调整，进而避开被攻击"区块"发出的错误信息。因此，也有人在区块链技术中运用分布式，将数据存储在各个"区块"，这被称为"可靠数据库"。

可靠数据库体现了区块链技术的安全特性。然而，区块链技术也并非绝对安全，它只是在一定程度上将隐患最小化。因为如果外界黑客攻击了"链"上51%以上的区块，那么整条"链"也会随之崩溃。

但是，随着区块链技术的发展，"链"上的数据会越来越多，"链"自身也会越来越长。当"链"延伸到一定长度的时候，黑客也难以做到51%以上的攻击。因此，可靠数据库会随着区块链技术的发展而变得更加安全。

5.开源性

开源性则是区块链技术从诞生开始就一直存在的重要特点。它让应用区块链技术的系统维持了公开性、透明性。

从中本聪公布的比特币"创世区块"代码开始,区块链技术一直都处于开源的状态。任何程序员都可以下载代码,进行代码修改。区块链技术的开源性,为区块链技术今后的发展提供了巨大的机会。

区块链技术的关键点除了去中心化、去信任、集体维护、分布式、开源性之外,还有非对称加密算法、时间戳、自治性、匿名性等。这些都属于区块链技术的部分,哪怕缺少其中一项,都不能称为区块链。

区块链技术的本质

在中本聪最初的论文中，"区块"和"链"是分开提出来的两个概念。在该论文中，内容核心指向是"比特币"，当时的中本聪并没明确提出完整的"区块链"概念。后来，区块链是在比特币的基础上，被许多相关人员挖掘出的比特币底层技术。

因此，想要清楚地了解区块链技术，看清区块链技术的本质，首先，就要以中本聪最初的论文为基础，去了解区块链技术。

从中本聪的论文中，可以明确的一点是——区块链技术并不是单纯的数字货币。虽然中本聪以区块链技术为底层，创造了比特币，但是并不代表比特币和区块链技术等价。实质上，比特币和区块链技术是共生关系，它们几乎同时诞生，同时发展。然而，区块链技术作为一项底层技术，在某些意义上比作为数字货币的"比特币"，能够给人类社会带来更多的价值。

区块链技术不一定必须包含智能合约，因为论文并没有提到任何关于"合约"的字眼。区块链技术只是为后来的智能合约提供了一个可以运行的框架，但是智能合约并非区块链技术中的必要组成。

除了智能合约之外，"分布式账本数据库"几乎是大多数人对于区块链技术的定义，因此也有很多人将区块链看成数据库。其实，这是一种错误的看法。虽然"区块"本身拥有的存储功能符合人们对"数据库"的认知，但是在最初的论文中，"数据库"同样也没有出现过。区块链技术拥有数据库的功能，只是在后面相关人员的研究中被发现的，这只不过是区块链技术众多功能中的一部分。

首先，站在现在区块链技术的角度，可编程性几乎是所有关于区块链技术的研究者共同承认的重要特性，因为中本聪公布的"创世区块"就是以代码的方式呈现在世界面前的。但是回归到中本聪的论文中，他并没有提到任何关于"程序"或者"脚本"的字眼。虽然目前的区块链技术都是在代码的基础上实现的，但是并不代表以后区块链技术会被限制于代码上，它应该会有比代码更优秀、更广阔的发展空间。

其次，要站在区块链技术目前主要的应用方向上，进一步看清区块链技术在未来的发展。

目前，区块链技术主要运用的地方就是数字货币。而在这些数字货币中，最有代表性的就是比特币。但是，不能把区块链技术的应用局限于数字货币。虽然中本聪在最初的论文中，主要讲述的就是比特币，区块链技术也是其他人在研究比特币的基础上发现的，但这并不能代表数字货币就是区块链技术发展的终点。作为底层技术的区块链，应该拥有更广阔的发展前景。可以说，区块链技术在未来科学技术的发展中，可能会给人类社会带来深远的影响。而这种深远的影响，甚至可以超越比特币给科学界带来的冲击。

最后，要清楚区块链技术里包含的多种技术。

区块链并不是指"一种"技术，而是指对"多种"技术的整合。它整合了密码学基础、共识算法、分布式等。这些技术互相融合，最终形成了区块链技术。区块链技术目前能实现的所有功能，都是在这些技术的支撑之下完成的。因此，这些技术缺一不可，否则区块链技术也会变得不完善。

而且，"区块链技术"这个由多种技术整合的"技术融合体"，在未来的发展中还会持续地自我更新。因为组成区块链技术的其他技术，都在各自的领域中持续发展着。比如，在密码学的基础上，还有许多人在致力破解SHA-256，在未来的某一天SHA-256很可能会如同SHA-1一样被人破解。那么，就会有新的、更可靠的算法来代替SHA-256。

从区块链技术整体上来看，在它诞生的初始，就已经给全球带来了不同程度的冲击。区块链技术并不是一项单纯的技术，而是将不同的技术进行融合的产物。在《区块链——重塑经济与世界》一书中提出，区块链技术的本质是"一个去中心化的分布式账本数据库，是比特币的底层技术，和比特币是相伴相生的关系。区块链本身其实是一串使用密码学相关联所产生的数据块，每个数据块中包含了多次比特币网络交易的有效确认信息"。

区块链技术的运行原理

区块链技术的源头是"拜占庭将军问题",区块链技术也是解决这个问题的最好方法。想要把这个方法运用到互联网的实践中,就必须在理解了区块链技术的本质上,进一步了解它运行的原理。主要从以下三点开始逐步深入:

1.区块链技术的运行过程

中本聪在最初的神秘论文中,将比特币在区块链技术构建的网络中实现的全部过程进行了详细的阐述:

（1）新的交易向全网进行广播；

（2）每一个节点都将收到的交易信息纳入一个区块中；

（3）每个节点都尝试在自己的区块中找到一个具有足够难度的工作量证明；

（4）当一个节点找到了一个工作量证明，它就向全网进行广播；

（5）当且仅当包含在该区块中的所有交易都是有效的且之前未存在过的，其他节点才认同该区块的有效性；

（6）其他节点表示他们接受该区块，而表示接受的方法，则是在跟随该区块的末尾，制造新的区块以延长该链条，而将被接受区块的随机散列值视为先于新区块的随机散列值。

中本聪在论文中阐述的比特币的实现过程，也就是区块链技术的运行过程。在区块链技术今后的发展中，无论程序员对区块链技术的代码进行了怎样的改动，区块链技术的运行框架都不能离开中本聪最初的设定。因为中本聪最初设计的过程，代表了整个区块链技术运行的核心"挖矿"过程。

2.身份验证与签名

在中本聪的描述中，处于节点位置的是不同的"记账者"。这些记账者为了获取比特币，就必须完成自己的工作——对接受的消息进行检测、向全网广播。因此，区块链技术在往后的应用上，主要是通过一个去中心化的方式，让节点集体来维护相同的数据信息。每个"区块"中都包含了系统的全部信息，以及信息生成时的数字签名与时间戳。其中，"时间戳"的出现，在区块链技术中具有重大的作用。

"时间戳"为建立在区块链技术上的比特币提供了一个重要的安全保障——避免"双花问题"的出现。所谓的"双花"，就是同一个数字货币，在黑客故意的篡改下，被花费了两次。而时间戳就是比特币应对"双花问题"的有力武器。正因为时间戳，作为分布式总账本的区块链技术才拥有了连续性，还使区块中的每条信息都具有了唯一性。当有人想要"查账"的时候，就可以根据时间戳准确地定位每条消息为整条"链"在验证消息的正确性方面，提供了极大的便利。

区块链技术上还有另外一种可以验证身份的方式，那就是通过数字签名来进行验证。因为，交易者在使用比特币进行交易的时候，区块上都有记录该交易者的身份识别等信息。这些代表交易者身份的信息，就是交易者的数字签名。这些数字签名确保了交易者身份的准确性，同时也让系统能够准确判断出发动交易的一方。

而"时间戳"和"数字签名"能够实现对信息的验证与签名，主要依赖于密码学。在区块链技术中，串联各个"区块"的核心方法就是密码学。密码学贯穿了整个区块链技术，无论是"时间戳"还是"数字签名"，都是建立在密码学之上的。密码学让每个"区块"能够更有效地与下一个"区块"进行连接，同时也保障了各个"区块"上的信息安全性和完整性。庞大复杂的密码学，是区块链技术去中心化能够实现的安全基础。

3.公开的分布式账本

区块链技术本身就可以被视为一个"分布式总账本"，并且这个"账本"在整个系统中是绝对公开的。因此理解公开的分布式账本，是了解区块链技术运行原理的最主要部分。

在区块链技术中，"链"上的每个节点都可以单独记账，这些单独记账的节点都能产生"区块"。只要初始的"创世区块"是确定的，那么其他的区块会依次与"创世区块"连接。而且，每个新区块中包含的信息，都会存储到其他区块中，这体现了"账本"具有存储信息的作用。

而且因为每个区块中都包含了"链"中所有的信息，所以每个区块都能对信息的正确性进行判断。如果某个节点在"记账"过程中出现了错误，那么其他区块在接收到错误记账信息的时候，都可以做出准确的判断，进而让错误的信息无法进入"链"中。

因此，区块链技术的运行过程、身份验证与签名以及公开的分布式账本，都是区块链技术的重要机制，在区块链技术的运行中缺一不可。

第四章　区块链 + 金融服务

金融领域是区块链技术的重要应用领域，区块链技术给传统的金融服务行业带来创新机遇的同时，也对传统的金融服务行业造成了冲击。本章将从"区块链技术给金融服务行业带来的冲击是否会让银行消失？"以及"区块链技术是如何助力金融服务创新的？"两个问题切入，结合区块链在金融服务领域的五大应用场景，全面阐述区块链技术在金融服务的广泛应用以及实际的应用案例。

区块链技术崛起，银行可能会消失？

在互联网迅速发展的推动下，金融技术也迎来了新的时代。相比传统金融来说，金融技术已经远远突破了传统的资金融通的概念。金融技术已经将传统的金融信息与金融科技高度结合，金融科技自然在金融界变得炙手可热。因此，在金融技术中，扮演关键角色的区块链技术，也成了各大金融企业看好的"金山"。

当前金融科技发展日新月异，促使相关金融行业也做出了层出不穷的创新。继移动互联网、大数据、云计算等新兴技术之后，金融科技也进一步转向了区块链这一底层技术的创新。随着金融科技的发展，区块链技术也成了备受国内外金融界关注的"宠儿"。区块链技术的崛起，一方面加快了金融科技创新的步伐，另一方面也对传统的金融造成了严重的"威胁"。俄罗斯联邦储蓄银行（Sberbank）副总裁安德烈·沙罗夫（Andrey Sharov）日前就警告，区块链崛起可能造成银行在10年后全面消失。

俄罗斯联邦储蓄银行副总裁在这里说到的银行指的是传统银行，为什么这里要说传统银行会消失呢？因为随着金融技术的创新，区块链技术作为底层技术基础，在整个金融企业中得到了广泛的应用。而这个技术一方面解决了传统银行模式中存在的弊端，同时也给传统银行带来了很大的冲击，很多金融界的企业大佬也已深刻感受到了区块链技术带来的危机。如果传统银行固守之前的银行模式，那么俄罗斯联邦储蓄银行副总裁的警告就很可能成为现实。

传统银行本身是经营货币的企业，它的存在主要是为了方便资金的筹措与融通。在传统经济交易中，银行业务范畴一方面是银行以吸收存款的方式，把社会上货币资金和小额货币节余集中起来，然后以贷款的形式借给需要补充货币的人去使用。在这里，银行充当的是贷款人和借款人的中介。另一方面，银行为商品生产者和商人办理货币的收付、结算等业务，它又充当支付中介。所以，银行的基本属性是信用中介、支付中介、信用创造、金融服务，而这些基本属性解决的就是交易过程中的信任问题和成本问题。

区块链技术则主要是通过去中心化、去信任的方式对数据进行自由交换并集中维护一个可靠的数据库。从这个基本的概念中，我们可以找到两个关键词：去中心化、去信任。

比如，现在有一个20人的团队，团队里的每一个人都有计算机并有属于自己的"签名"，当然这个"签名"必须是独一无二的，也就是说，团队里的其他人看到这个签名就能在第一时间锁定目标对象。然后，每个人的计算机里面都储存了这20个人的交易记录的一个共同账本，这时候如果A给了B一个比特币（单位），乙多了一个比特币（单位），但是总账是不变的。

这时候如果丙想跟乙交易5个比特币（单位），那么丙就需要知道乙到底还有多少个比特币（单位），而丙这时候只需要打开共同的账本，查找一下交易记录，就可以一目了然。丙和乙的交易可以直接通过转账完成，不需要再通过第三方信任机构或者信任平台的介入，团队的其他成员也能够很清楚地从共同账本中看到这笔交易，这就叫作去信任、去中心化，从中也节省了大量的人力、物力和财力。

区块链技术因为使用的是分布式核算和存储，所以不存在中心化的硬件或管理机构，任意节点之间都是独立的，节点的任务和义务也是相等的。而且区块链采用的是一套公开透明的算法，这一点能够确保所有节点之间数据的交换是在一个被信任的环境下进行的。这种方法就是从传统"对人的信任"转化成了"对机器的信任"，使得任何人都无法干涉。

综上所述，我们不难看出，区块链技术的"去中心化"和"去信任"能够更快解决交易过程中遇到的信任问题和成本问题，这两点就已经从根本上否定了传统金融机构——如银行的存在价值。随着互联网和金融科技的发展，用户的需求也会变得越来越多，并且越来越复杂。用户都愿意花费最少的时间和成本去完成交易，可传统的银行模式从这方面看就已经无法满足用户需求，而这些需求区块链技术则能够满足，这也促使一些传统的金融企业意识到区块链技术带来的危机，从而要去做长远的考虑。

区块链技术的崛起，虽然给传统银行带来了威胁，但是同时也给传统银行的转型指明了方向、带来了动力。很多人误认为区块链会颠覆传统银行业，但是我们不要忘了，银行才是科技在金融中的拥抱者。所以，区块链技术不是银行的终结者，反而是金融创新的助力剂。无论是银行还是其他金融机构，都不要只把区块链技术看作一个节约成本的工具，要把这项技术落实到实际经济交易的运用中，才能在真正意义上实行金融科技的创新，从而获得新的发展机会。

  总之,如果传统银行模式一味地守旧而不去利用机会创新,那么随着互联网和金融科技日新月异的发展,传统银行的消失也不是没有可能的。但是,现在的传统银行在运作中,也一直注重技术的创新。所以,区块链的崛起不但不会让银行消失,而且它还可以为后危机时代的金融与信用服务提供更多创新的可能,并且让金融科技更好更快地发展。

区块链技术助力金融服务创新

　　金融在现在的经济中始终处于核心的地位，对国民经济的走向起着巨大的推动作用。因此，金融业也成为联结国民经济各方面的纽带。

　　然而，21世纪以来，伴随着国际经济全球化和自由化的冲击，全球的金融业都陷入了困局。2008年美国金融危机以来，全球各国的银行都采取量化宽松的货币政策，把利率降到了零水平。这种方式让传统银行的利差急剧下滑，使得传统银行基本无利可图。这不仅是当前传统银行所面临的生存困境，也是全球金融业需要面临的困境和前所未有的挑战。

从传统银行模式的理念和发展方向看，传统银行的交易模式很难适应互联网金融等新兴业态。随着利率市场化程度的提高，利差会越来越少，利息收入所占的比重也会随之下滑，传统银行模式也将难以生存。所以，这就迫使传统金融业服务模式不得不进行创新。

伴随着金融技术新时代的来临，新时代的用户也逐渐对金融行为和金融意识有了更深刻的认识，从而不再单单局限于传统金融服务模式，而是更加注重自主获取信息并进行决策，自主选择自己要接受的服务以及服务时间和方式。新时代用户对金融服务意识的这种转变，也对金融业造成了巨大的影响，使金融服务更加生活化。《银行3.0》一书的作者提出，在未来"银行不再是前往的一个地方，而是你使用的一种服务"。因此，在未来的金融科技发展过程中，如果未能提供生活化的金融服务，这些金融机构将会因此流失很多用户。

所以，随着金融科技的发展，金融服务的创新也迫在眉睫。区块链技术则作为金融业的关键底层基础技术，由于其具有安全性、便捷性也备受金融企业的青睐。它一方面能够解决传统金融模式下交易中存在的问题，另一方面也给金融服务的创新带来了很大的助力。

近期，新加坡华侨银行（以下简称"华侨银行"）携同旗下的华侨银行（马来西亚）及华侨银行（新加坡）进行了数据区块链（Blockchain）支付交易解决方案的试运行并取得了圆满成功。该解决方案由华侨银行及新加坡本地的银行支付解决方案公司BCS信息系统公司（BCSIS）联合设计。

随着此次试点的成功，在该款支付交易解决方案整合完成后，基于BCSIS数据区块链平台，新加坡本地及海外银行间的跨境支付过程将不再需要经由支付中介。

此外，华侨银行还计划逐步将数据区块链技术扩展到其他金融产品和服务应用中。华侨银行最新的金融科技创新计划积极响应了新加坡金融管理局

（MAS）推崇的"智慧金融中心"愿景以及"营造金融行业创新文化"的方针。新加坡金融管理局局长孟文能（Ravi Menon）先生在2015年6月29日的全球技术法会议上分享了这一愿景，这也是新加坡政府"智慧国家"计划的一部分。

相对于传统的交易模式，区块链技术具有更明显的优势。首先，区块链的高安全性，使得交易中的数据信息一旦加密，就不得进行修改或篡改。其次，因为区块链技术的去中心化，大大缩短了交易周期。相比于传统交易，这种新兴的交易模式，去除了传统交易中的中介和人工处理环节。另外，基于区块链技术的交易能够直接在汇款银行和收款银行之间进行使得区块链技术的数据交易无须再通过第三方信任机构，而是在可信任的环境下直接进行数据信息交换，有效减少了处理时间。

例如，在华侨银行（新加坡）和华侨银行（马来西亚）之间的转账交易通常需要1天，采用新技术后则能在5分钟内完成。

据华侨银行介绍，此次率先将该技术应用于支付交易，再次彰显出华侨银行在数字创新方面的持续努力和丰硕成果。在2016年5月，华侨银行同样率先推出银行开放式的应用程序接口（API）。

华侨银行集团营运与科技部高级副总裁普拉文·伊拉纳（Praveen Raina）表示："数据区块链技术是目前最具革命性的技术，它将引起金融行业的改革，同时改变我们的工作方式。华侨银行很高兴能成为东南亚第一家率先借助数据区块链技术实现实时跨境支付交易试点的银行。此次试点为改变传统跨境支付模式打下了基础，不仅对我们意义重大，对作为亚洲金融中心的新加坡而言也具有里程碑式的意义。我们希望这次试点能成为促使更多银行采用数据区块链技术的催化剂，进而让我们共同携手，用高效和高性价比的方式为客户提供更多高价值的金融服务。"

这种交易模式很显然比传统的交易模式更节省时间、更加便捷，交易过程也变得更加清楚透明。在金融科技的创新中,如果将区块链技术与互联网金融交易结合起来,可以更好地对交易数据进行监管。而且,通过区块链技术,可将具备共同信息价值的金融机构之间的信息进行有效沟通,从而提高整个金融体系的抗风险能力。所以,区块链技术的出现,虽然给金融界带来了很大的冲击,但是在某种程度上,区块链技术其实是在助力金融服务的创新,促使传统交易模式做出了突破性的改变。

区块链在金融服务中的五大应用场景

　　区块链技术"去中心化""去信任"的本质从根本上解决了传统金融服务中存在的信任问题和成本问题，这两个问题也是现在金融业所面临的关键性问题。所以，区块链技术的运用，给传统金融服务带来了颠覆性的改变。

　　区块链作为金融科技最底层的技术基础，必然会在很多方面给金融业带来巨大的影响，无论是在传统的金融服务还是互联网金融科技，或者是在加强金融监管、打击非法集资、防范金融风险等领域，区块链技术都有非常广阔的应用前景。金融科技的创新也使得互联网金融正式迈入了"区块链+"时代。

1. 场景一：跨境支付与结算

支付是金融市场的基础设施，区块链最先革新的领域就是支付与结算，这也是当前被金融业普遍认为区块链技术最能发挥价值的领域。其主要原因在于，当前传统金融服务在跨境支付领域存在多个痛点。比如，需要经过开户行、央行、境外银行、代理行、清算行等机构，每个机构都有自己的账务系统，这些复杂的过程不仅加大了交易成本也占据了用户更多的时间，因此造成交易的速度慢、效率低。

此外，从麦肯锡的分析报告中可以看出，当前传统的金融服务存在交易流程复杂、时间长、费用高等问题，这些原问题的根本原因就在于没有一个可信任的第三方中介角色。所以，对于传统的金融服务来说，拥有一个可信任的中介角色对现今的跨境交易是至关重要的。而区块链作为"去中心化""去信任"的底层基础技术，从根本上摒弃了中转银行的角色，实行了点到点的快速便捷的交易。通过区块链技术，不但可以直接砍掉第三方中介机构，让汇款银行和收款银行之间直接进行交易，从而减少交易成本，还因为区块链技术的安全、低风险等特性，提高了跨境交易的安全性，也加快了结算与清算的速度。

2. 场景二：证券发行与交易

证券的发行与交易流程复杂且效率低。一般公司的证券发行流程是：必须先找一家证券商，然后公司要与证券发行中介机构签订委托募集合同，完成这些复杂烦琐的流程后，才能寻求投资者的认购。以美国的交易模式为例，证券一旦上市后，交易的效率更是低下，证券交易日和交割日之间存在三天的时间间隔。

在传统的证券交易中，投资者最关心的就是交易中存在的安全隐患问题，传统的交易模式很可能造成用户的账户及密码泄露、遭受恶意攻击等。而且传统的交易系统连接了很多券商、ISP（互联网服务提供商）等的多个计算机系统，中间环节多，交易存在很大的风险。

区块链技术的去中心化、开放性、共享性、匿名性、不可篡改等特征，可以省去中介机构，让繁杂的交易简单化，从而缩短交易期限，让交易变得更加便捷，也使得金融市场中的参与者能享有平等的数据来源，从而让交易过程变得更公开、透明。

3. 场景三：票据交易

票据因为过多的人为介入，带来了很多违规操作和风险。从2015年年中，国内就开始爆发票据业务的信用风暴。

据每经网的新闻报道，农业银行和中心银行分别爆出的39亿元票据案和近10亿元票据承兑案令银行票据业务处于风暴眼之中。银监会针对这一现象，也对该业务进行收紧，并于2015年12月末发布了《关于票据业务风险提示的通知》。此前，农行公告其北京分行票据买入返售业务发生重大风险事件，涉险金额为39.15亿元。两者加起来风险资产近50亿元，拉开了银行票据业务的警报。

东方证券银行业首席分析师王剑称，"票据市场是一个神奇的存在，原本是一种解决贸易双方信任问题的支付工具，最后被玩成了中小企业的纯融资工具"。

所以，信任问题以及降低票据交易过程中的风险已成为票据交易要解决的燃眉之急。要想解决这些问题，必须寻找一个可靠的第三方角色来确保有价凭证的传递是可靠的，从而实现票据价值传递的去中心化。而区块链技术，因其去中心化的特性，可以实现点与点之间的价值传递，不需要特定的实物票据或者是中心系统进行控制和验证，中介角色将被撤去，也减少了人为操作因素的介入，从而降低了违规操作和风险。

4. 场景四：供应链金融业务

供应链金融在业务处理中，有大量的文件审阅、验证各种交易单据以及纸质文件的工作，而这些业务的处理都要依赖大量人工来完成。在金融业务交易过程中，一旦过度依赖人工成本，就会花费大量时间，并且在各个环节之间更容易造成人工操作的失误。供应链金融如要解决这一问题，就需要通过区块链技术来减少人工成本，提高交易过程的安全性和透明度。

根据麦肯锡测算，在全球范围内区块链技术在供应链金融业务中的应用，能帮助银行和贸易融资企业大幅降低成本，其中银行的运营成本一年能缩减约135亿～150亿美元、风险成本缩减11亿～16亿美元；买卖双方企业一年预计也能降低资金成本约11亿～13亿美元及运营成本16亿～21亿美元。

除此之外，因为交易效率的提升，也拓宽了整体贸易融资的渠道，从而提升了交易双方的收入。目前，Wave已与巴克莱银行达成合作协议，将通过区块链技术推动贸易金融与供应链业务的数字化应用，将信用证与提货单及国际贸易流程的文件放到公链上，通过公链进行认证与不可篡改的验证。这种数字化的应用都是基于区块链技术能够完全取代传统的纸笔人工流程，实现了点到点之间交易的透明化，提高了交易效率，降低了交易过程中存在的风险。

5.场景五：大数据交易

赛迪顾问（CCID Consulting）指出，自贵阳大数据交易所成立以来，全国陆续出现了15个区域性大数据交易中心。截至2016年9月1日，贵阳大数据交易所的交易额累积突破1亿元，交易框架协议接近3亿元。未来3～5年，大数据交易将呈现爆发式增长。

但是数据具有很强的伪造性和可篡改性，导致在交易过程中如果出现问题则很难认定责任方。而区块链的不可篡改性特征可明确认定责任方，它的加密性可保护数据拥有方的权利。2016年11月，京东云旗下的京东万象数据服务商城宣布将使用区块链技术用于大数据交易，实现数据的确权、溯源。这是首个公开表示应用区块链技术保障大数据交易的平台，这也表明区块链技术在大数据交易中起着十分重要的作用。

区块链金融助力跨境电商的发展

随着全球经济的快速发展，中国作为贸易大国，跨境电商的规模也越来越大。但是，外贸环境也随之变得越来越复杂，要求也越来越高，这些问题导致国内的品牌商在外贸交易这条道路上感到迷雾重重。

去年我国涉及跨境支付结算的金融业务高达8万亿元人民币，如果单笔交易成本下降40%~50%的话，那么将会给企业带来十分可观的收益。不过，传统的跨境结算速度慢、效率低，从开始实施到最后结算，中间往往需要3~5天，而且还需要经过很多中间机构，每个机构都会收取高额的手续费。

所以，在人民币国际化的大背景下，寻求一个低成本、高效率、低风险的跨境支付与结算方案，在跨境电商的交易中显得尤为重要。这不仅能加强中国贸易企业的盈利能力和竞争能力，从另一方面来看，还会给一些企业，尤其是中小型企业的发展提供很强的助力。因此，如果跨境电商想要得到更好更快的发展，就必须解决跨境交易中的支付与清算问题。而随着区块链技术在金融领域的广泛应用，跨境电商在发展中面临的这些问题也会随之得到了更好的解决方案，那么区块链技术是怎样解决这些问题的呢？

区块链技术想要解决这些问题，必须找到传统跨境交易模式存在的弊端。首先，高昂的手续费和漫长的周转周期是跨境支付的痛点。以目前主流的传统跨境支付方式电汇为例，其汇款周期一般长达3~5个工作日，而且中间银行会收取一定的手续费，环球银行金融电讯协会（SWIFT）也会对其系统进行的电文交换收取高额的费用。其次，由于跨境支付需要通过第三方中转银行才能到达最后的交易目的地，这中间过程复杂，存在着高风险性，这也制约着跨境电商的发展。总之，当前传统的跨境支付方式存在着诸多问题，如清算时间较长、交易成本较高，而且会出现跨境支付的诈骗行为，从而给跨境资金带来风险。

传统跨境交易模式中存在的弊端，显然会制约我国外贸经济的发展。目前我国的外贸规模越来越大，跨境电商也已成为主流市场，而且随着"一带一路"倡议和企业"走出去"战略的实施，使得企业的跨境支付与结算具有巨大的潜力。但是，作为世界第一出口大国和第二进口大国，随着中国快速增长的跨境交易市场对跨境支付的需求不断扩大，也使得跨境电商对跨境支付的清算时间、交易成本和交易的安全性要求越来越高。如果能解决这些问题，区块链技术则为跨境电商支付过程中遇到的这些难题提供了几乎完美的解决方案。

区块链技术建立的是一个全球结汇系统，首先解决了跨境交易过程中非熟人之间转账汇款的信任问题。随着金融科技的迅速发展，区块链技术将是互联网金融乃至整个金融业的关键底层物质技术基础，它可以低成本、高效率、低风险地解决跨境电商在金融交易活动中遇到的信任难题，并且将这种金融信任由双边互信或建立第三方信任机制演化成多边共信、社会共信。这种转变实质上就是以"共性力"取代"公信力"。区块链技术是利用网关系统来解决非熟人之间的转款收款问题，而网关一般是由"公信力"的主体来担任的，如银行、第三方机构等。

比如，现在有甲乙两个用户需要进行跨境交易，即用户甲需要通过区块链技术向用户乙汇款，则其中的网关就与用户甲生成了债务关系，与用户乙生成了债权关系。用户与网关之间的关系就相当于债权债务的关系，通过将该网关对用户乙的债权转化为用户甲对用户乙的债权并对其进行清算，然后反映在双方余额的变化上，从而完成交易。

这种债权和债务关系会通过分布式网络存储在若干个服务器上，服务器之间则通过P2P的方式进行通信，这样做不仅避免了单一、集中式服务器带来的各种风险，而且系统会通过一定的加密技术来确保数据的安全性。

其次，区块链技术解决了跨境电商在交易过程中存在的高成本和低效率的问题，而区块链技术最先革新的领域就是支付清算，去掉了第三方中介机构、没有异地和跨行费用，这就从根本上解决了高成本、低效率的问题。

以瑞波实验室（Ripple）为例，虽然它还处于一个成长阶段，需要进一步完善和改进，但它是目前相对成熟的区块链支付服务。在Ripple的系统中，所有的货币之间都可以进行自由兑换，因此，货币兑换和交易的效率越来越高，速度也越来越快，而且交易产生的费用几乎为零，交易确定在几秒钟内就能完成，没有异地和跨行费用。全球第一笔基于区块链的银行间跨境汇款在传统支付模式中需要2~6个工作日，但如果使用了Ripple的技术，8秒之内即完成了交易。目前，日本境内42家银行宣布加入了由金融服务企业SBI集团和分布式账簿初创公司瑞波（Ripple）旗下的一家合资企业共同发起的区块链联盟，该联盟将合作展开跨境支付的区块链概念验证项目。

区块链技术因为其具有去中心化、去信任、高安全性、方便快捷、记账速度快、成本较低、互相监督验证等优点，被应用到跨界电商中，可以升级跨境电商业务，创造新的跨境支付方式，让跨境交易变得更加快捷方便。区块链是通过点对点的支付方式，让汇款银行和收款银行之间直接进行交易，这个过程就撇去了第三方金融机构，这样不但可以全天候支付、瞬间收到转款、容易提现、降低成本，而且满足了跨境电商对跨境支付方式提出的需求并降低了跨境交易诈骗行为带来的跨境资金风险。

区块链技术的这些特性也从根本上解决了传统跨境电商在交易过程中遇到的高成本、低效率、高风险的难题。因此，区块链技术与跨境电商的结合将会给传统的外贸交易模式带来颠覆性的改变，很多金融企业也希望分食这份"蛋糕"。所以，区块链技术一方面解决了跨境电商面临的很多问题，另一方面也给跨境电商的发展提供了很强的助力。

金融机构抢占区块链高地的策略

随着金融科技的发展，区块链技术在解决金融、经济和社会问题等方面也得到了广泛的应用。区块链技术是继蒸汽机、电力、信息、互联网科技之后，目前最具有发展潜力的核心技术，这一技术将会触发第五轮颠覆性革命浪潮。

金融领域是区块链技术的重要领域。该技术在金融领域的应用将完全改变以往传统的金融交易流程和交易记录保存方式，从而大幅降低了交易成本，提升了交易效率。在过去的一年里，区块链技术已经成为金融机构最受关注的话题，国内外金融界也正在探索这一未来金融底层技术的技术制高点。一些发达经济体的大金融机构创设的国际银行区块链联盟组织（R3）也在抓紧研究区块链技术在金融领域的应用。德勤（Deloitte）已经将这种技术应用到企业审计中，纳斯达克市场也尝试将区块链技术应用于证券的发行。区块链技术不但引起国外金融机构的关注，我国的金融界也在关注这一趋势，北京已经建立了多个区块链技术联盟，也成立了区块链技术金融应用的金融科技公司，而且还专门设立了互联网金融安全产业园，为集中推进金融科技的发展做好充分的准备。

可见，区块链技术作为金融科技的底层物质技术基础，具有很强的战略意义。区块链技术也再次重塑了金融产业的框架，加快了金融科技创新的步伐，促使金融机构不得不为抢占区块链技术这块高地而做出战略性的策略。

首先，把握机遇，抓住战略机会。

麦肯锡对银行高管调研显示，约有一半的高管认为三年内区块链将产生实质性影响，一些人甚至认为18个月内就会发生。

就目前区块链技术在国外金融机构的广泛应用和关注度而言，中国金融机构对区块链技术的认识还不够深刻彻底。从目前麦肯锡对银行高管的调查报告分析看，区块链技术将会对金融机构产生实质性的影响。所以说，中国金融如何在这场迅速发展的技术革命浪潮中把握机遇，首先，抓住战略机会，重塑金融产业的基础框架，掌握颠覆性的金融模式主动权，是所有决策者刻不容缓应该考虑的问题。因此，国内银行首先应该尽快明确参与区块链技术应用的策略；其次，快速推进区块链技术应用场景的试点实施；最后，积极投资布局。

其次，积极参与其中。

全球领先银行已经开始积极布局，然而，中国除了平安等少数国内金融机构加入国际区块链联盟外，鲜见其余金融机构的身影。曲向军称，"虽然比特币百分之八九十的交易量在中国,但是中国都是体力活,挖矿的多,做技术的少",中国机构对区块链技术尚属理论研究阶段。

但是,随着金融科技的发展,中国金融也积极参与到区块链技术带来的技术革命中。目前,除中国平安加入R3CEV联盟(一家总部位于纽约的区块链创业公司)外,由万向区块链实验室牵头于2016年4月成立了中国分布式总账基础协议联盟(China Ledger联盟)。该联盟由11个区域的商品交易所、产权交易所及金融资产交易所组成,并由中国证监委所属的中国证券业协会互联网证券委员会担任项目顾问,主要工作任务是共同合作研究区块链技术,从场外交易切入,结合中国政策法规和中国金融行业独特的业务逻辑,开发符合中国的政策、国家标准、业务逻辑和使用习惯的区块链技术底层协议。

2016年10月9日,在由上海市互联网金融行业协会、海通证券、浙商银行上海分行、华瑞银行、众人科技集团等机构共同发起主办的"2016陆家嘴区块链金融高峰论坛"上,区块链技术的应用再度成为业界热议的话题。

本次会议将依托上海陆家嘴在金融行业的中心地位,聚焦区块链技术在银行、证券、保险、互联网金融等金融服务领域的应用延伸,积极开展行业自律活动和风险防控,联合联盟内部成员,为各类金融服务降低成本、提高效率、增强安全的过程做出贡献。由此可以预见,在区块链技术真正成熟后,金融业势必会借助科技的力量进行全新的洗礼。

这次高峰论坛表明,虽然起步已明显慢于国际领先的金融机构,但中国金融机构对于区块链的关注与研究已起步。

最后,积极布局,抢占先发优势。

区块链技术给金融机构带来的既是机遇也是挑战,为了迎接这迎面而来的机遇和挑战,全球领先银行已经开始积极进行布局,以抢占先发优势。目前,各大银行采取的策略都不一样,大致分为以下三类:

(1)组建区块大联盟,制定行业标准。比如,花旗银行、西班牙对外银行、摩根大通、摩根士丹利、瑞银等在内的40余家领先金融机构共同建立了R3CEV联盟，旨在推动制定适合金融机构使用的区块链技术标准，推动技术落地。2016年5月24日，中国平安金融集团宣布与国际顶尖金融创新公司R3建立了合作伙伴关系，正式加入R3分布式分类账联盟，为全球金融市场设计和应用分布式共享分类账技术，成为首个来自中国的金融机构。

（2）携手金融科技公司，发展核心业务区块链应用。比如，星展银行与渣打银行在2015年年底宣布将与科技公司Ripple合作，将区块链技术应用在供应链金融业务，从而提高金融交易过程中的安全性和高效性。区块链的技术可以将供应链金融的流程数字化并利用其公开性、安全性及不可篡改性，大幅减少交易中发生的欺诈案件，为银行降低风险和损失。

（3）银行内部推进局部领域的应用，快速实施试点。2015年年底，Linux基金会牵头建立的Hyperledger（超级账本）项目吸引了包括摩根大通、荷兰银行、美国道富银行在内的众多金融机构，这个项目通过促成底层技术提供方、区块链创新公司、技术实施方，以及分布在各行业的技术应用方的通力协作，打造跨行业的分布式账本。UBS、花旗、德意志及巴克莱都已经成立区块链实验室，自行研发或通过与金融科技公司的合作，针对不同的应用场景进行测试。

总而言之，金融机构想要在金融科技新时代抢占区块链高地的话，就需要积极参与到这场技术革命中，组织区块大联盟，并且要把这项技术运用到实际的金融领域中。

"区块链+金融服务"的应用案例

区块链技术作为未来金融业的底层技术，已经得到了各国银行和金融机构的广泛认同。越来越多的金融机构正在探索区块链技术，并且也积极对这一技术做出了实际性的尝试。

1.德勤

德勤应用区块链颠覆了金融业反洗钱（AML）和了解客户（KYC）传统的合规模式。

基于区块链技术去中心化、去信任、高安全性等特征，区块链在反洗钱领域发挥着至关重要的作用。首先，各金融机构将各自收集和验证的客户信息经过数字化的处理后，上传到区块链。与此同时，金融机构为交易中的实体提供电子身份信息的证明，这种信息的证明就相当于客户的私人密钥。然后，再将用户地址与其身份验证信息连接起来。在任何交易的过程中，都必须要经过用户密钥和银行公钥的验证，这一点就证实了区块链技术上数据交易的透明性和可追溯性。其次，在这种新型的交易模式下，各个金融机构在区块链技术上也实现了交易信息的共享，任何一个交易信息都是透明的，各个金融机构都能对所有的交易数据一目了然，所以说交易中的任何一个环节都是离不开被监视的，黑钱也将无法洗白，这也极大增强了反洗钱的力度，降低了金融交易中的资金风险。

另外，德勤在了解客户关系（KYC）领域也做出了颠覆性的改变。基于区块链技术是去中心化机构的技术，可以实行信息共享，金融机构可以运用区块链技术的这一特征，共享交易实体的信息。这将会大量减少重复性的工作，大大缩短交易周期，也为各个金融机构节省了大量的交易成本。

2.纳斯达克市场和澳洲交易所

交易所是进行某种信息及物品等的交易平台，是集中交易中某种有形或无形的市场。区块链技术的去中心化、去信任、开放性、共享性、匿名性、不可篡改性等特征，可以使登记、发行、交易、转让、交割清算的效率得到显著的提高，也保证了信息安全和个人隐私。因此，区块链技术显然将在各种各样的产权交易所中得到广泛应用。

纳斯达克市场和澳洲交易所发现了区块链的价值所在，因此走在了区块链技术应用的前列。2015年年末，纳斯达克市场——全球最大的证券交易所之一，为全球提供交易、结算、交换技术、上市、信息和公共服务的机构，将为金融基础设施提供商推出一个统一的金融框架，该框架将提供各种解决方案，其中就包括区块链服务在内。这也是纳斯达克市场首次利用区块链技术交易平台，完成和记录私人证券交易。澳洲交易所也是利用区块链技术与银行账户进行连接，实现了买卖股票双方资金可以及时到账。

3.巴克莱银行

巴克莱银行是位于汇丰银行之后的英国第二大银行，是全球规模最大的银行及金融机构之一。但是面对来势汹汹的金融科技，巴克莱银行并没有选择坐以待毙。

金融之家9月19日讯：在贸易金融试验当中，用于对跟踪和验证交易的纸质文件的转移，一直是国际贸易面临的一个"最令人头痛的问题"。现在，巴克莱银行借助其加速器项目下的一家以色列公司的区块链平台解决了这一难题，基于某种区块链的定制技术实现了贸易文件的转移。

巴克莱银行在9月7日报告说，两个合作伙伴（农业合作社Ornua和食品经销商Seychelles贸易公司）已经能够成功通过一个区块链平台来转移贸易文件，该平台是由巴克莱银行的加速器项目毕业生Wave创建。

Wave是一家以色列创业公司，于去年秋季从巴克莱银行的TechStars Fintech加速器中毕业，当时，该公司正在使用基于某种区块链的定制技术来推动贸易文件的转移。

在声明中，巴克莱贸易和营运资本主管拜哈斯·巴格达迪（Baihas Baghdadi）说，该项目证实了向分布式账本系统中添加多方机构能够消除国际贸易面临的一个"最令人头痛的问题"，即用于跟踪和验证交易的纸质文件的转移。

区块链技术既是一个交易平台也是一套电子记录和交易处理系统，交易过程中所有用户的信息都是共享的，这样就能允许所有的用户在不需要第三方认证的前提下通过一个安全的网络追踪每一个环境下的交易数据。相比当前传统的纸面文件的交易处理，由于不需要人为参与和不需要通过第三方中介机构进行认证，区块链技术能让传统的交易更快捷、更可靠。巴克莱银行也正是得力于区块链技术的这些特性,解决了国际贸易面临的"最令人头痛的问题"。

4. 花旗银行

银行业巨头花旗集团,已开发了三条区块链,并在上面测试运行了一种名为"花旗币(Citicoin)"的加密货币。

据花旗集团创新实验室的负责人肯·摩尔(Ken Moor)说,过去几年中,花旗银行一直在观察区块链技术,并且已经在自己的实验室里创建了"一个相当于比特币"的技术项目,同时也挖一种自己的代币"花旗币"。

在金融科技迅速发展的时代,花旗银行没有被动地看待其发展,而是主动积极地领导变革,将区块链技术运用到金融服务中。目前,除了花旗银行以外,许多银行都在尝试使用区块链技术来提高交易效率。而这也反映出传统银行模式已经越来越跟不上社会的发展,也越来越满足不了用户的需求。在过去30年里银行系统几乎没有任何创新,因此是时候来一场技术革命了!未来将会有更多的银行加入到区块链技术领域,区块链也将在银行或者其他金融服务领域得到更广泛的应用。

第五章　区块链+数字货币

货币的发明让人类在物质层面上能够进行有效的交流，因此它在人类的历史文明中占据了极其特殊的重要地位。而主流货币的变革最能体现出人类社会的发展与进步，从原始社会的贝壳货币，到古代的金属货币，再到现代使用的纸币，最后到未来主流的数字货币，每一次货币的变革都见证了社会科技与经济的进步。在未来，"区块链+数字货币"很可能会主导人类全部的资源流通，所以要清楚地认识到什么是真正的数字货币，以及数字货币在未来发展中可能出现的痛点。并且一定要明确，单纯依靠区块链技术创造的数字货币并不是真正的数字货币，只有获得法律上的认同，才能被群众接受。在了解了真正数字货币的基础上，才能将当下已有的区块链数字货币应用案例展现出来，体会到其中存在的差异。

货币的演进：从贝壳到数字货币

在原始的人类社会，主要使用"以物换物"的交易方式，因为当时世界上还没有货币的概念。直到后来，人们发现物品在交换过程中总会出现各种各样的问题——牛羊之类的牲口可能会生病死亡、谷物在储存的过程中会腐烂、陶器容易损坏、农具太过笨重……为了避免这些问题，人类开始使用各种货币充当中间物进行交易，进而货币才能有所发展。

而货币在人类历史上的演进，也成为人类经济发展逐步前进的见证——不同的时期会产生不同的货币，每种货币都能够在一定程度上促进人类金融的发展。从最早的货币贝壳开始，货币的演进在大方向上就是这四个阶段：贝壳货币、金属货币、纸币、数字货币。这主要的四种货币，在人类经济发展中，互相融合，在不同的交易条件下都发挥着各自的作用。

1. 贝壳货币

在早期以物换物的过程中，人类发现贝壳作为装饰物，既方便携带，又不会腐烂。因此，贝壳在长期的物品交换中被当作"固定"的"一般等价物"，因此贝壳成为最早的货币。而且贝壳被当作货币之后，在人类社会上流通了很长时间。

我国的贝壳货币最早出现在商代，直到明朝郑和下西洋的时候，郑和与溜山国（今天的马尔代夫）交易时还会使用贝壳货币。因为当时溜山国在国内虽然使用金银交易，但是溜山国给外国通行的货币却是本国的一种贝壳。

由此可见，贝壳作为货币使用的时间之久。

2. 金属货币

贝壳货币在长久的流通过程中出现了许多问题，它大小不一，外形差距大。而且贝壳的时效性也很短暂，在流通过程中还会腐蚀损坏。随着人类社会交易不断增多，金属货币逐渐取代了贝壳货币。

我国最早的金属货币是商代的铜贝。由于当时青铜冶炼技术已经取得了一定的成就，因此制造出铜贝来取代了当时的流通货币贝壳。但是商代并没有在法律上统一铜贝的规格，直到秦朝大一统，秦始皇推行方孔圆钱为法定货币。因此，圆形方孔的铜钱成了第一个由官方规定的法定货币。

随着金属采集技术以及冶炼技术的提高，金属本身逐渐有了贵贱划分。铜币的价值逐渐降低，因此铜币逐渐被金银取代。

3. 纸币

纸币是由国家发行的，由国家或者地域强制使用的价值符号。虽然就纸币本身而言，它可能没什么价值，但是它可以用来衡量价值。

我国最早的纸币是北宋的"交子"。河南大学历史文化学院副教授仝相卿说过："北宋时期诞生纸币并不是偶然的，它是社会政治经济发展的必然产物。"

交子在当时利用了我国四大发明的造纸术和印刷术，可以说是当时科技的代表。

纸币的出现，使商人在交易的过程中不需要携带大量的贵重金属，既减轻了贵金属运输的负担，又减少了金属在运输过程中的风险。因此，纸币的出现简化了交易的过程，加快了交易的速度，实现了贸易过程的一大突破。

4.数字货币

自互联网诞生以来，数字化成为信息时代的主流之一。就算作为商品交易的媒介的货币，也无法避免数字化的命运。因此，数字货币也随之诞生了。

目前数字货币主要分为以下两种：

（1）由非官方机构发行的货币：这种数字货币是非官方机构发售的非真实货币。目前主要包含了游戏币、一些门户网站发行的专用币（如Q币、百度币等）和一些在互联网中流通的特殊加密数字货币（如比特币、瑞波币等）。

这些数字货币都没有获得法律上的承认，却能在互联网中进行流通。游戏币是最早的数字货币，一开始游戏币只能在特定的游戏中使用，后来通过一些特定的第三方交易网站，玩家之间也可以使用游戏币进行交易。门户网站发行的专用币，大多数都是用来购买门户站中的一些特殊服务来满足人们的需求，如用Q币购买腾讯会员、用百度币来支付百度阅读中产生的费用等。而那些在互联网中流通的特殊加密货币，时常会被应用于互联网的金融投资上，偶尔也会利用特殊的机构用于生活中。

在全世界所有数字货币爱好者中，对于那些特殊加密货币流行着这样的说法——"比特金，莱特银，无限铜，便士铝"。由此可见，未来数字货币会继续发展壮大。

（2）由官方机构发行的货币：数字货币取代目前人们使用的纸币，已经成为科技发展的一个重大可能性。因此，发售纸币的官方机构也要采取相应的决策，来避免数字货币在取代纸币的过程中，由于法律的疏忽造成金融交易的混乱。

2016年11月15日，央行数字货币研究所筹备组组长、科技司副司长姚前在《金融时报》上公开表示："央行发行数字货币的目的是替代实物现金，降低传统纸币发行、流通的成本，提升经济交易活动的便利性和透明度，至于何时能推出中国的法定数字货币，现在并没有一个时间表。"

由政府发行的数字货币，能够在一定程度上减少私人数字货币在使用过程中带来的风险。特别是类似比特币之类的数字货币，虽然比特币被称为"比特金"，但是也改变不了比特币价值不稳定的缺点。而政府和官方机构发行的数字货币，就能够在一定程度上减轻价值波动带来的个人损失。

在货币发展的四个阶段，出现的四种不同货币，都能够代表当时时代的特色。然而，在如今互联网覆盖全球的时代，纸币已经不能成为互联网的代表。因此，数字货币的出现是当今时代选择的结果，数字货币也是目前最有可能取代纸币的一种货币形式。

数字货币的原理与技术特点

现在人们主要使用的货币——纸币——之所以能够流通，是因为它完全依赖于政府颁布的法律。纸币只有通过法律，才能建立人与人之间的信任。这样的货币存在着两个弊端：

第一，它必须依靠法律来维系，一旦脱离了法律，那么所谓的"纸币"就变成了毫无价值的普通纸张。

第二，在不同的法律体系下，纸币代表的价值也各不相同。因此，各国货币在进行兑换的过程中，中间总是存在着繁复的手续。而且，不同国家之间的货币因为汇率变化的问题，时常会造成许多经济损失。虽然不同法律体系下的纸币，存在着许多问题，但是在这个互联网全球一体化的时代，还没有出现任何一种纸币，可以在世界范围内通用。

然而，数字货币的出现为全球范围内货币的统一带了来新希望。在某种意义上，数字货币能够完全避免纸币的弊端。因为数字货币是在特定的算法中产生的，以互联网为渠道流通，因此它的价值完全取决于生产它时使用的算力。许多在区块链技术上产生的加密数字货币，拥有安全系数极高的信任机制。这些加密数字货币即使在没有法律约束的条件下，也能够使人与人之间产生信任。因此，区块链技术成了数字货币中的主流。

由于区块链技术最先应用于"比特币"上。在对区块链技术后期的研究与开发中，研发者大多数都会沿袭之前的方式，把区块链技术运用到开发新数字货币方面。因此，在区块链1.0的时代，才会涌出大量不同的数字货币。直到现在，一部分在互联网上流通的主流数字货币，加上大多数流通性不大的冷门数字货币，全世界已经有上百种数字货币。几乎每天都有新品种的数字货币诞生，也有许多冷门的数字货币因为各种问题而夭折。

因此，可以进一步通过了解主流的数字货币的原理与技术特点，来寻找它们能持续发展至今的原因。通过它们运用的原理以及技术，来完善未来的数字货币。

1.数字货币的原理

现今，大部分数字货币的原理都是建立在比特币的机制之上。因此，要了解数字货币的原理，首先就要了解比特币的发行机制。

在中本聪最初对比特币的设计中，主要采用的共识算法为工作量证明（PoW），因此"挖矿"就是比特币产生的原理。

因为比特币的来源是某种特定的算法，而且比特币有固定的总数量（2100万）。所以，想要获得比特币只能通过两种途径——交易和计算。通过计算的过程来获得比特币的方法，又被业内人士称为"挖矿"。因此，一些用来计算比特币的机器又被称为"矿机"，而"挖矿"的人被称为"矿工"。矿工们使用矿机挖矿的最终奖励，就是比特币。

比特币在"挖矿"的过程中并非是无限制生产的。根据中本聪最初的设计，比特币每隔10分钟才会生产一次，由算力最高的"矿机"获得。而且每次通过"挖矿"获得的比特币数量也不是固定或者随机的。中本聪在对比特币最初的设计中，第一次通过挖矿获得的比特币数量为50，而后每隔4年会依次递减为上一次的一半，也就是说，在中本聪第一次挖矿4年后，每次获得的比特币数量变为25。在持续"挖矿"的过程中，每次比特币都会逐渐递减，不仅加大了后期"挖矿"的难度，强迫提升"矿机"的算力，还让比特币的总数量趋近于2100万。

从理论上来看，比特币的数量虽然会无限接近于2100万，但是比特币并不会在某一天真正达到2100万的上限。然而，后期"矿工"挖掘比特币需要消耗的算力却越来越多，最后导致大量算力的浪费。因此，许多相关人员在区块链技术的基础上，创造了许多类似于比特币的数字货币。这些新的数字货币，等于在"比特币"的基础上进行了优化，对比特币的底层技术区块链进行改动，进而减少或者避免了比特币的缺陷。

就算在比特币基础上诞生的新数字货币进行了大量的优化，可这些类似比特币的数字货币之所以能够像普通纸币那样被人们使用，是因为人们相信它的价值。然而，这份价值目前并不是绝对的。就目前的状况而言，依然有很多人无法彻底信任数字货币。这些数字货币对于不信任它的人来说，只不过是互联网上的无意义字符。因此，现在的数字货币正处于发展阶段，它还不够完善到足以在全球范围内流通。

2.数字货币的技术特点

数字货币的关键要素是"信任"。不同于国家法律对一般纸币赋予的信任，数字货币的信任来源于代码。而主流数字货币之所以能成为"主流"，就是因为它们能够给大多数人带来"信任"。这些数字货币能给人带来"信任"的关键，则取决于它们采用的技术。

数字货币的主流技术——区块链技术——存在着优点与缺点并存的特性。

一方面，数字货币使用区块链技术虽然在某种程度上给人带来了安全，但是站在另外的角度看，区块链技术却不能让数字货币变得真正安全。比如，建立在区块链技术基础上的比特币，它独特的去中心化结构拥有的透明、公开的特性，虽然保障了人与人之间交易的安全性，但是，正因比特币太依赖区块链技术，它的去中心化结构给目前监管机构带来了极为严峻的挑战。当中间环节一旦出现错误的时候，由于区块链技术不可更改的特性，从而导致了交易不能及时终止。The DAO的事件，就是带给人们的最好教训。

由特定代码产生的数字货币，在互联网使全球一体化的时代，获得了一个能够在全球范围流通的机会。然而，这并不代表数字货币就一定拥有可以流通的基础，它依然存在许多安全方面的问题——黑客故意攻击、数字货币技术范围的狭隘等，这些都为数字货币在流通中埋下了安全隐患。而且维护区块链技术整体安全性的机制，主要依靠的就是密码学和共识算法。中本聪最初建立"创世区块"的时候，使用的就是工作量证明（PoW），在后来许多相关人员的研究中，证明了工作量证明并非绝对安全。工作量证明需要消耗大量的算力，而且如果有51%或者超过51%的"区块"被攻击，那么整个系统也会随之崩溃。

目前数字货币的主流技术还不够完善，也进一步决定了数字货币还无法达到全球流通的最终目标。

另一方面，区块链技术现在还处于发展中。许多相关研究人员已经在逐步解决这些技术上的缺陷，将不同技术的优点进行整合，来完善数字货币的机制。比如，现在就有许多研究者，将目光放在"工作量证明（PoW）+权益证明（PoS）"或者"工作量证明（PoW）+股份授权证明（DPoS）"之上，让两种不同的机制来互相弥补彼此的不足，进一步优化了区块链技术，让数字货币在挖掘过程中，既不用过分消耗大量资源，也不用担心51%的攻击风险。

而且区块链技术在目前的应用上，还处于起步阶段。比起它存在的弊端，高端研究者们大多数看到的重点是区块链技术在未来的发展中，能够给人类社会带来颠覆性的影响。区块链技术目前存在的缺点，人们在未来的研究中都可以逐一击破。因此，不能因为目前区块链技术的不完善，就否定它能给人带来的价值。

因此，即使数字货币的主流技术存在着两面性，作为现代人，也要能够站在未来发展的角度来看待它，要尽可能地看到区块链技术的全貌，将它的优点放大的同时，弥补它现存的缺点。在不断补缺的过程中，区块链技术会变得更加完美，进而能为数字货币的发展奠定更加牢固的基础。

数字货币的家族成员

由于区块链技术是对全球开源的——任何人都可以下载它的源代码，并在其基础上进行修改——因此在比特币诞生后，陆续出现了许多与比特币类似的数字货币。大多数人习惯性将在比特币之后出现的数字货币，统称为竞争币。比特币加上这些类似比特币的竞争币的种类，至今为止已经超过600种。但是，能真正产生较大影响力的也只有很少的一部分。

1.比特币（Bitcoin）

比特币是目前为止，世界范围内影响力最大的数字货币。因为它把握了数字货币的先机，同时它是区块链技术的第一个应用，也是区块链技术目前为止最主要的应用。

比特币依照中本聪最初的设计，采用了工作量证明（PoW）的共识机制，大量依靠密码学来建立信任基础。比特币是第一个不使用中央机构发行的数字货币，而且每个比特币都不能被仿造。消费者在消费比特币的时候，只能完成一次支付。消费者在消费完毕后，被消费的比特币所有权也会被转移，原消费者无法再将同样的比特币进行第二次消费。

2.莱特币（Litecoin）

莱特币是2011年发售的一种基于区块链技术上的数字货币。它与比特币的原理相同，而且也采用了工作量证明的共识机制，每隔4年就会减半一次。但是莱特币在比特币的基础上，进行了部分改进：

首先，莱特币的网络每隔2.5分钟就会产生一个区块（比特币是10分钟），因此缩短了大量的交易时间。其次，莱特币工作量证明的算法与比特币也有一定的区别，莱特币采用的算法相对较为简单，"挖矿"的难度也降低了很多。最后，莱特币的总量会无限接近于8400万，而比特币的总量会无限接近于2100万。

莱特币是早期竞争币中相对较为成功的一个，曾经长期排名在数字货币的第二位。

3.以太坊（Ethereum）

以太坊在2014年众筹了大量比特币，并在2015年正式发布了最初的版本（Frontier版本）。从本质上来说，以太坊是一个为研发者提供的平台，并为研发者提供特殊的编程语言，让研发者自己来搭建智能合约。因此，以太坊在发布之后立刻在数字货币圈内受到了极大的欢迎，并且在短暂的时间内超越了莱特币位居第二位。

以太坊的用户在该平台中，可以随意挖掘以太坊中的数字货币

（Ether），也可以用它来进行交易、支付等。与比特币不同的是，在最初的测试版本（Frontier版本）中，以太坊的开发团队拥有"生死开关"（网络最终控制权）。

以太坊的协调者（Vinay Gupta）曾经说过："我们原本想过大范围介入点地运行Frontier，但是出于各种各样的原因，我们只能回到'生死开关'的模式……这些开关可以让Frontier更好地进行测试，一旦我们确信它是稳固的，我们会将它们拿出来。"

由此可见，以太坊一开始实行的并不是真正的去中心化，但是去中心化是以太坊发展过程中必须实行的目标。

4.运输币（Freicoin）

运输币发布于2012年11月22日，与比特币相同，每隔10分钟就会产生一个新区块。但是，运输币的上限为1亿，而且运输币在比特币的基础上，针对数字货币滞留的问题进行了创新。

为了让数字货币能够顺利流通，而不是被人用来囤积等待升值，运输币采用了囤积税的概念。也就是说，如果一批运输币被持币者囤积了一年，那么在持币者把这些运输币拿出来进行交易后，会扣掉4.89%的囤积税，而被扣掉的囤积税，会被用来当作"矿工"的奖励。而且运输币有一个官方的商业推广基金，每个"矿工"的前三年挖矿的80%会自动转入官方基金。

5.瑞波币（Ripple）

瑞波币是2011年4月18日发行的，在瑞波（Ripple）网络运行的数字货币。它是瑞波网络中唯一通用的货币，它可以在瑞波网络中进行交易、支付、兑换、提现等，不受任何限制。

瑞波币和比特币一样是基于密码学的数字货币。它与比特币不同的是，瑞波币是瑞波网络中的安全保障，是实现瑞波网络中各个功能的重要桥梁。但是，瑞波币的发行量为1000亿，因此瑞波币单个数字货币价值还无法超过比特币。

6. 狗狗币（Dogecoin）

狗狗币发行于2013年12月12日，从名字上来看，狗狗币带着强烈的搞笑色彩。狗狗币的标识也是一只可爱的柴犬。但是，狗狗币一经发行，就获得了许多人的支持。

狗狗币最初是由一位澳大利亚的品牌营销专家和一位美国俄勒冈州的程序员共同创立的"山寨币"。在狗狗币上市之后，社交新闻网站Reddit就开始大力推广，在极短的时间内就为狗狗币吸引了大量的人气。随后脸书（Facebook）、游戏直播平台Twitch都宣布接受了狗狗币。

7. 比特股（BitShares）

比特股在比特币框架的基础上进行了变动，虽然同样采用区块链技术，但是比特股使用的共识算法为权益证明机制（DPoS）。因此，比特股是权益证明机制的第一个应用。

最早的比特股来源于两个方面。一方面，由早期比特股的筹资（PTS）持有者转向而来。这些转向来的比特股占据了比特股总量的1/10。另一方面，来源于用户的挖掘。用户挖掘到的比特股一半属于挖掘者，另一半则分红给比特股的持有者。

目前，比特股已经不是一种单纯的数字货币，而是成了一个专门为研发者、交易者提供的平台。任何人都可以在这个平台上发行自己的数字货币，也可以用数字货币进行交易、兑换、支付等。但是由于比特股采用了相对较新的技术，因此在后期的发展中，研发团队对其做过很多改动。也正是因为比特股早期频繁的改动，导致了很多用户对比特股产生了较大的争议。

除了上述几种数字货币外，还有其他的数字货币都在一定程度上获得过成功，如达世币（Dash）、点点币（Peercoin）、门罗币（Monero）等。但是，从单个数字货币的价值上来说，这些比特币的竞争币都远远不及比特币。而且，越往后出现的竞争币价值越低。从这些方面来看，目前还没有出现能够超越比特币的数字货币。不过区块链技术毕竟还没有发展得足够成熟，因此，未来的数字货币领域还会源源不断地出现新的竞争币。数字货币这个大家族，也会在此基础上持续扩大。

真正意义上的数字货币

货币的主要特性,体现在它能够充当"一般等价物"的方面。目前市面上流行的纸币,也正是因为在法律的强制之下,达到了能够充当"一般等价物"的目的。因此,数字货币作为流通于市场中的"货币",也必须拥有能够充当"一般等价物"的性质。

然而,目前全球范围内影响最大的数字货币——比特币——还没有足够的条件能够替换纸币,成为新一代的"一般等价物"。由于它数量有限、挖掘成本高、价值不稳定等缺点,导致了比特币只能被大多数业内人士当作一种拥有升值空间的商品。因此，比特币目前主要被用来投资、存储等。而且比特币目前也没有一般货币在市场中的调节作用，因为比特币不能依据市场的供求关系来调整单位价值或者发行数量。因此，即使是比特币这种影响世界的数字货币，也不能称为真正意义上的数字货币。

真正意义上的数字货币，应该具有以下几点：

首先，真正意义上的数字货币要具备一套复杂、完善的算法。这一点，比特币在各种数字货币中首先做到了——它利用复杂的密码技术和共识算法来构建基本框架、生产货币及保障货币安全。而比特币之所以能够做到这一点，完全归功于它的底层区块链技术。因此，区块链技术成了目前真正数字货币需要具备的一项重要技术。

其次，真正意义上的数字货币应该能够比纸币更加节省成本。货币的成本主要来源于三方面——制造成本、发行成本、流通成本。就比特币而言，它几乎实现了"0"的发行成本和流通成本，但是，其制造成本太过高昂。比特币的挖掘需要算力极大的"挖矿机"，这些"挖矿机"就已经消耗了巨大的成本。同时，比特币在挖掘过程中还要消耗巨大的算力成本。虽然莱特币降低了"挖矿"过程中算法的难度，但目前的数字货币还是摆脱不了需要消耗大量算力的本质。因此，不管比特币还是莱特币，目前都算不上真正的数字货币。

再次，数字货币不应该出现流通效率低的现象。货币只有在市场中流通才能体现它的价值。然而，对于现在大多数数字货币而言，它们的拥有者，往往把这些数字货币当作投资商品存储起来。很多拥有者喜欢借用这些数字货币价值波动大的特点，将它们视为一种赚钱的工具。这些数字货币投资商时常大量地存储数字货币，因此妨碍了数字货币的流通性。特别是作为"数字黄金"的比特币，在这一方面的缺陷尤为明显。反而运输币利用囤积税，在某种程度上避免了货币拥有者存储货币的行为。但是由于运输币自身流通性不高的问题，在大范围的市场应用中，往往也会被逐渐淘汰。

欧洲央行做出决定，2018年会停止500欧元纸币的发行。虽然在理论上500欧元的大面值纸币，能够在人们购买高价值商品时带来便利，但是在实际应用上，普通人在生活中很少会去购买价格高昂的商品。即使需要购买，大多数人也会选择刷卡或者网银支付等方式，而不是直接给卖家500欧元的纸币。所以500欧元并不能在市场上很好地流通起来，反而那些犯罪分子却喜欢这种大额纸币，因为这种大额纸币会让他们更方便地进行不法交易、诈骗、洗钱等。

数字货币对流通性的要求和纸币几乎一样。如果和500欧元一样，不能被广泛使用，只能当作一种价值代表放在"保险柜"里，那么它也失去了价值的意义。因此，真正的数字货币必须能够在市场上快速流通起来。

最后，要明确数字货币并不是一般货币的数字形态。目前世界范围内已经出现了许多现阶段的数字货币，包括比特币、莱特币、狗狗币等。这些数字货币在使用过程中，可能给一般人带来了一种类似在使用支付宝或者微信钱包的感觉。实质上，数字货币与支付宝和微信钱包除了支付方式类似外，其他方面完全不同。支付宝和微信钱包中的数字，其实是对应着每个人应该持有的纸币数额，在某种意义上其实就是电子版的纸币。而数字货币却是在一个去中心化的网络中产生的，它并没有对应的纸币数额。

除此之外，真正意义上的数字货币也绝对不是Q币、百度币等。这种在其他平台或者游戏中存在的货币，依靠第三方机构产生，需要现金或者电子纸币来购买。而且Q币、百度币等也不能达到去中心化的目的。因此，这些特性决定了Q币、百度币等只能作为商品来使用，而不能够在市场上充当"一般等价物"的数字货币。

根据数字货币发展的现状来看，全球还没有出现真正意义上的数字货币。目前的比特币、莱特币、运输币、狗狗币等数字货币，虽然在某些方面已经无限接近真正意义上的数字货币，但是它们依旧存在着许多缺陷。正是因为这些缺陷，使它们目前还不能被称为真正意义上的数字货币。

然而，科技发展的脚步不会停止，货币数字化的观念已经深入大部分人的内心。因此，目前数字货币存在的缺陷，未来总会找到合适的方式来弥补，进而创造出真正意义上的数字货币。

数字货币发展的痛点

　　截至2016年年底，全球已经出现了600多种数字货币。但是，这些数字货币无一例外都无法实行真正货币的功能。因为这些数字货币都是在区块链技术上产生的，而区块链技术作为底层技术的不完善，导致了这些数字货币也存在许多缺陷。再加上这些数字货币与一般意义上的货币进行对比，政府很难监管，因此在货币发行给市场的调整方面也带来了诸多不利。而且相对来说，这些数字货币在实用、流通等方面与纸币也存在一定的差距。这些缺点与差距都成为数字货币发展的痛点。

1.底层技术的缺陷

目前，区块链技术是大部分数字货币的底层技术。区块链技术在金融中的运用，也存在着大量的挑战：区块链技术在普通人的认知中暧昧不清，阻碍了数字货币的正常流通；区块链技术的高延迟性，导致了它在交易、支付的过程中需要花费大量时间去等待；区块链作为底层技术给商业模式带来颠覆性的冲击，让许多人无法真正地相信数字货币，比如，现在网络上流传的"比特币是传销"的言论；运用区块链技术造成的资源浪费问题，导致了数字货币在价值上波动过大，因此数字货币很难在商品交易的过程中充当"一般等价物"。

况且区块链技术在目前状况下本身就是一个不完善的技术。由于底层技术的不完善，才会导致数字货币出现各式各样的问题。因此，只有通过不断完善区块链技术，直到区块链技术能够真正融入人们的生活中，数字货币才会被所有人接受。

2.监管发行的盲点

以区块链技术为底层的数字货币，都有一套自身的监管体系。这套监管体系无须依赖中心机构就能直接进行内部监控。然而，数字货币的监管仅限于自身，对外界环境的监管是数字货币监管体系中的最大盲点。

目前，一般意义上的货币只有在政府的操控下，才能针对市场的变化进行一定的调整。政府作为中心机构，通过调控发放货币，让市场在变化中维持一个相对稳定的状态。而去中心化的数字货币，到现在为止还难以做到这一点。这些数字货币大部分都有固定的数量、固定的产生规律等，这些固定化的模式，在目前的状况下都无法通过调整货币的发放，来应对变化无常的市场需求。

因此，对外界的监管是数字货币目前存在的最大盲点。正因为数字货币的去中心化的结构，导致了它自身的调节机构对外界环境变化感应的缺陷，所以它就不能针对外界市场的供求变化，进行相应的发行调整。

3.匿名性和开放性的问题

由于区块链技术的应用，数字货币在交易、支付的过程中同时存在着匿名性和开放性的特点。虽然匿名性和开放性在某种程度上保护了数字货币钱包用户的账户身份，但是也为企业间谍、网络犯罪提供了方便。间谍和犯罪者可以利用开放性的特点，套取他们想要的信息，再利用匿名性的特点隐藏他们的身份。他们将资源诈骗到手后，让其他人在调查中无从下手。

甚至，在黑客们发动网络战争的时候，敌人也可以利用匿名性和开放性窃取相应的资源。而网络战争往往会发生在国家之间，涉及军事、国家安全等各个方面。

互联网研究者东鸟，在他的《中国输不起的网络战争》简介中就提到过："从能源战争、货币战争到文化战争，全球范围内的各种战争焦点不断转移。这一切，随着互联网无限延伸到各国的政治、经济、军事、文化等领域，全部囊括在无孔不入、无坚不摧的网络战争之中。今天，网络战争的毁灭性已经堪比核战争，败者将沦为永久的殖民地！"

从东鸟的描述中，就可以看出网络战争的失败会给国家带来毁灭性的打击。而数字货币的匿名性和开放性，为黑客的入侵提供了绝佳的机会。一旦目前的数字货币成为正常的流通货币，并遭到了黑客的攻击，那么国家的经济命脉就会遭到巨大的打击，甚至整个国家的经济体系都会随之崩溃。因此，匿名性和开放性的问题成为数字货币发展中较为严重的问题。

4.衍生过快带来的麻烦

从2008年区块链技术诞生开始，到现今各种数字货币的陆续发布，间隔不到十年的时间。然而在如此短暂的时间里，就已经产生了600多种数字货币。

一方面，如此大量的数字货币种类，让数字货币之间形成了竞争关系。优胜劣汰成为筛选不同数字货币的重要法则。大多数数字货币只是昙花一现，最后只有很少一部分数字货币拥有了固定的玩家。但是，这些拥有固定玩家的数字货币，依然存在着许多目前还无法解决的问题。因此，它们只能在固定的圈子内流通。

另一方面，在底层技术还不够完善的情况下，作为上层的数字货币发展得太快，在往后的应用中就会出现许多不稳定的现象。任何事物的发展都必须要有一个循序渐进的过程，只有有牢固的基础，才能够站稳脚跟。但是作为数字货币底层的区块链技术，到目前为止，并不是一个足够牢固的根基。区块链技术作为底层技术虽然已经被大多数相关人士认同，但是其自身的缺陷也遭到了很多人的争议。即使对区块链技术给予了极大厚望的相关人士，也在重点监视着它的缺陷，进而让他们在区块链技术未来的发展过程中逐步修正这些缺陷。只有区块链技术稳定了，才能支撑起庞大的数字货币的上层。

将这些数字货币发展中的痛点进行整合，就可以看出大多数的痛点来源其实都是区块链技术。虽然研究者不能否认区块链技术为数字货币提供的发展机会，但是也不能因为区块链技术在数字货币的发展中利大于弊，进而忽视了底层的漏洞。只有从底层抓起，一步步地建立牢靠的根基，数字货币才能成为真正的"货币"。

比特币与区块链

比特币与区块链的关系很容易让人感到迷惑，因为比特币与区块链总是一起出现，很容易让人将两者混淆。因为，这两个概念产生的顺序几乎同时，都是与一位名为中本聪的神秘黑客有关。而且研究者在研究比特币时总少不了区块链，同样，研究者在研究区块链的过程中也要从比特币入手。所以，要了解比特币与区块链的关系，就要先了解"比特币"和"区块链"。

比特币是目前数字货币的代表，但是它时常会引起相关研究者的争议——"比特币"这个词本身就包含了大量的信息。首先，把比特币分开来看，"比特（bit）"代表信息量的单位，"币（coin）"则是一种商品交换的媒介；其次，从整体上来看比特币，它既可以当作一种可以进行点对点交易的数字货币，又可以当作一个可以实行点对点交易的系统。再加上中本聪在最初的论文里首先提出了"比特币"的概念，因此导致了很多人都认为比特币是在区块链之前诞生的。

其实，这是一个错误的看法。因为在中本聪的论文《比特币：一种点对点的电子信息系统》中，虽然没有提出"区块链"一词，但是他已经提出了由区块链技术构建出全新网络框架的概念，并且对这种新型网络框架进行了详细的描述。

该网络的强健之处在于它结构上的简洁性。节点之间的工作大部分是彼此独立的，只需要很少的协同。每个节点都不需要明确自己的身份，由于交易信息的流动路径并无任何要求，所以只需要尽其最大努力传播即可。节点可以随时离开网络，而想重新加入网络也非常容易，因为只需要补充接收离开期间的工作量证明链条即可。节点通过自己的CPU计算力进行投票，表决他们对有效区块的确认，他们不断延长有效的区块链来表达自己的确认，并拒绝在无效的区块之后延长区块以表示拒绝。本框架包含了一个P2P电子货币系统所需要的全部规则和激励措施。

后来的研究者们，在中本聪提出的底层技术框架上进行了大量的分析，最后得出结论：这种底层技术早已经跨越了比特币所在的范畴，它可以被应用在更多其他领域。因此，"区块链"一词终于被研究者们提出。

区块链技术的本质是"一个去中心化的分布式账本数据库"。它诞生的源头并不是比特币，因为它是与比特币同时产生的。从世界上第一个比特币产生开始，区块链技术就已经存在。没有区块链技术，比特币也不会产生。区块链技术是比特币的"伴侣"，同时，区块链技术也是大多数数字货币的"伴侣"。没有区块链技术，数字货币就不会完整。

虽然比特币的产生与区块链的诞生拥有着"伴侣"关系，但是在比特币与区块链日后的发展中，这种"伴侣"关系逐渐发生了改变。虽然区块链是比特币的底层技术，比特币离不开区块链技术是绝对的事实，但是区块链却正在逐渐变得"独立"。即使刻意避开比特币，在比特币"消失"的情况下，目前的区块链技术也能够继续被研究者使用。所以，比特币已经无法离开区块链，而区块链却正在逐渐脱离比特币。区块链技术利用其自身的安全性、分布式账本等特点，在多个领域都能发挥巨大的作用，并且它还拥有许多研究者还没有发现的潜在价值，这些都为区块链技术逃离比特币的"束缚"提供了有利的条件。

简单来说，比特币的底层技术就是区块链技术，但是区块链技术不仅可以作为比特币的底层技术，还可以作为其他各个领域的底层技术。区块链技术不仅可以应用在金融业，还可以用在医疗、社会活动等各个方面。虽然现在数字货币是区块链技术的主要应用方向，但是数字货币不是区块链技术的全部应用。比特币只是区块链技术应用的一小部分，区块链技术拥有超越比特币的广阔前景。

区块链技术下的货币进化

　　区块链技术让数字货币处于一个公开、透明的场合，进而在一定程度上保障了交易安全。再加上区块链技术无法篡改、可以集体维护系统等特点，为未来金融交易体系准确地指明了去中心化的发展目标。目前，区块链技术主要就是通过数字货币来影响未来金融业。因此，在世界科技发展进程的带动下，不仅区块链技术在不断地进行自我提升，把区块链作为底层技术的数字货币也在不断进化。

第一阶段：比特币

比特币是世界上第一个去中心化的数字货币。比特币的出现，为数字货币开辟了一个崭新的时代。

比特币是现今世界上600多种相关竞争币的"始祖"，是数字化金融变革的黎明曙光。在区块链技术还没有成为流行之前，大多数研究者就已经痴迷于比特币。这份狂热的痴迷，让比特币的挖掘占据了全球一半以上的算力，特别值得一提的是，比特币百分之八十以上的算力都集中在中国。这股可怕的比特币狂热浪潮，让中国政府不得不提防比特币。

成立于2007年的中国金融行动特别工作组（FATF），在2014年6月发布了一份关于虚拟货币关键定义以及潜在的反洗钱、反恐怖融资风险的报告。该报告上对于以密码为基础的数字货币（特别是比特币），进行了详细的描述：

（1）虚拟货币将在未来成为主流支付系统；

（2）虚拟货币成为犯罪、恐怖组织资金流转和其他逃税项目的新工具，他们可以借助虚拟货币，便捷地转移和存储非法资金，使得相关执法部门无法监控。

从这份报告中可以看出，中国金融行动特别工作组一方面对于比特币保持着肯定的态度，认为比特币之类的数字货币会成为未来的主流支付系统；另一方面，重点强调了这类建立在区块链基础上的货币目前还存在着许多风险，这些风险让比特币还不能作为一般的货币使用。特别是那部分比特币狂热者，更应该注意比特币带来的风险。

由此可见，在整个数字货币的进化过程中，比特币只是数字货币的雏形。它不但不够完整，并且存在着大量的问题。但是比特币的出现，确实划分了一个让许多研究者陷入疯狂的"数字货币时代"，所以，比特币才能作为在区块链基础上数字货币进化的第一阶段。

第二阶段：竞争币

伴随着比特币的成功，大量的竞争币在区块链1.0的时代相继涌现。部分建立在区块链技术基础上的数字货币，类似莱特币、瑞波币、狗狗币等，也都获得了一定的成功。

虽然这些数字货币都在比特币的基础之上进行了一定的修改，利用不同的协议、不同的加密算法，在一定程度上弥补了比特币的不足，但是在研究者长期的使用以及挖掘过程中，这些竞争币也逐渐暴露出各自的缺点。与比特币相同，这些竞争币暴露的缺点同样因为区块链技术的特殊性，导致了外界难以对这些竞争币所在的系统进行修正。而且这些竞争币，在价值上远远低于最初的比特币。

因此，区块链技术下数字货币进化的第二阶段就是这些竞争币。大量的竞争币只能说明数字货币进化还处于过渡阶段，离真正的数字货币的成熟期还有很长的路要走。

第三阶段：法定数字货币

未来数字货币最终要达到的目标是，在互联网中合法流通。虽然数字货币的发展优势大于一般意义上的货币，但是由于目前数字货币存在着许多不稳定的因素，因此大多数国家对于数字货币的正式发行都持有保守的态度。

站在国家的角度综观目前的数字货币市场，虽然比特币、莱特币等数字货币都在一定程度上获得了成功，但是这些数字货币无一例外都没有获得法律上的承认。因此，法定数字货币是未来数字货币的最终形态。只有法律上承认了数字货币的"货币"属性，数字货币才能在人群中发挥真正的作用。否则，这些数字货币只不过是一串数字。

虽然比特币和竞争币都没有获得法律上的承认，但是不少有前瞻性的国家都开始着手准备相应的数字货币体系。以中国正在准备的数字货币体系为例。

在2016年6月24日召开的首届大数据金融论坛上，央行调查统计司司长对于中国的数字货币给出了相应的解释:"首先,数字货币由央行发行,不是去中心化;其次,与现有电子形式的本位币(主币,由国家垄断发行)不同,未来的央行数字货币将可能是基于区块链技术、具有分散式账簿特点的本位币;最后,未来的央行数字货币可实现"点对点"支付结算,不需要借助第三方中心化机构。"

因此,即使是去中心化、拥有自治功能的数字货币,也不能离开法律体系的约束。法律与数字货币的结合,是未来数字货币进化的必然选择。

央行数字货币

数字货币的出现，为传统金融带来冲击的同时，让各国央行也感受到了危险与机遇。

所谓的央行（中央银行），指的是国家建立的官方金融管理机构，在国家的各个金融组织中占领绝对的领导地位。央行掌握了国家货币供给，可以通过发行货币对市场进行宏观调整。同时，央行对于其他的金融组织也拥有监管权。央行是金融中心化的代表，而数字货币的去中心化，在某种程度上与央行的总账性质存在冲突。然而，数字货币为货币发行、管理上带来的便利，又让各国央行对于数字货币的实践产生了浓厚的兴趣。

1. 中国央行数字货币

虽然现在中国央行（中国人民银行）确立了数字货币的战略目标，但其实中国人民银行在对数字货币的态度上经历了由怀疑到肯定的巨大转变。

一开始，中国人民银行对比特币持有怀疑的态度。为了避免比特币等数字货币在中国过度炒作，中国人民银行等五部委在2013年12月5日公布了《关于防范比特币风险的通知》（以下简称《通知》）。

《通知》要求，现阶段，各金融机构和支付机构不得以比特币为产品或服务定价，不得买卖或作为中央对手买卖比特币，不得承保与比特币相关的保险业务或将比特币纳入保险责任范围，不得直接或间接为客户提供其他与比特币相关的服务，包括：为客户提供比特币登记、交易、清算、结算等服务；接受比特币或以比特币作为支付结算工具；开展比特币与人民币及外币的兑换服务；开展比特币的储存、托管、抵押等业务；发行与比特币相关的金融产品；将比特币作为信托、基金等的投资标的等。

《通知》在一定程度上抑制了当时比特币由于炒作而造成的价位疯涨，并且在《通知》颁布之后，中国比特币的高昂价格开始迅速下跌。但是，依然有许多比特币交易所陆陆续续进入市场。

2014年3月，中国人民银行再次发布了《关于进一步加强比特币风险防范工作的通知》，要求各金融机构和支付机构不得开展与比特币相关的业务，不得为客户提供比特币登记、交易、清算、结算等服务。

直到2016年1月20日，在中国人民银行数字货币研讨会上，中国人民银行肯定了数字货币各方面的优势，并且对外首次公开了中国人民银行发行数字货币的目标。会议还指出：

从2014年起，中国人民银行就成立了专门的研究团队，并于2015年年初进一步充实力量，对数字货币发行和业务运行框架、数字货币的关键技术、数字货币发行流通环境、数字货币面临的法律问题、数字货币对经济金融体系的影响、法定数字货币与私人发行数字货币的关系、国际上数字货币的发行经验等进行了深入研究，目前已取得阶段性成果。

由此可以看出，中国央行想要发行一种法定的数字货币。这种数字货币可以当作一般货币在互联网中进行交易、流通，与线下的纸币功能类似。而且这种数字货币也包含了区块链技术所带来的优势，拥有高透明度，同时还阻断了洗钱、诈骗等犯罪行为，既提高了交易过程中的安全性，节省了交易时间、交易成本，同时还能在法律上对这种数字货币进行束缚。

也就是说，中国央行想要发行的这种法定货币，并不是完全的去中心化。它是区块链技术与现代普通货币的结合体，是一种混合模式的新型数字货币。中国央行想要推行的这种法定数字货币，虽然拥有现在数字货币的特性，但也在一定程度上进行了融合创新。因此，在短时期内，中国央行还无法推行这样的法定数字货币。所以，至少在目前的状况下，纸币还会继续存在很长一段时间，它现在还不会被数字货币快速取代。

2. 各国央行数字货币

在美国，虽然在2013年7月23日美国证券交易委员会（SEC）就把比特币和其他虚拟币视为货币，但是美国证券交易委员会对比特币痴迷者提出了风险警告：

（1）此类投资不受美国证券投资者保护公司和美国联邦存款保险公司的保险；

（2）此类投资具有高波动性的历史；

（3）某些地方或国家政府可能会禁止比特币的交易；

（4）比特币可能被窃以及比特币交易所可能因为欺诈、技术故障、黑客或者恶意软件而被关停；

（5）比特币没有建立起信用记录机制。

虽然美国对比特币等数字货币持有支持的态度，但是，由于数字货币不受中央控制的特性，因此在某种程度上与美国的中央控制系统产生了矛盾，数字货币在监管上也给美国带来了不少麻烦。美国央行（美国联邦储备委员会）在加大对数字货币监管政策的同时，在2014年发布的《改善美国支付系统战略报告》中，提倡建立一个比"比特币"更加安全、应用广泛、高效的加密货币支付网络。

在欧洲，2012年10月29日欧洲央行（欧洲中央银行，ECB）把比特币定义为动产，但是不受传统金融业的管制。截至2016年10月18日，欧洲央行就表示成员机构不应该推进数字货币。总的来说，数字货币给欧洲央行带来了更多的困扰。欧洲央行在发展数字货币、禁止数字货币、监管数字货币的选择中摇摆不定。最终，欧洲央行决定让数字货币自主发展，只在适当的时候进行小幅的干扰。

在日本，日本政府也表示，把比特币视为商品而并非货币。2014年3月7日的《华尔街日报》曾报道，日本官员表示"日本不会将比特币认作货币"。截至2016年3月4日，日本金融厅才承认了数字货币的货币地位。然而，就算日本承认了数字货币的货币地位，日本央行也没有能够避免目前数字货币流通风险的方法。

日本中央银行（日本银行）支付结算部门总监在2017年第三届金融科技论坛上表示："一旦当中央银行发行的数字货币出现一些不可避免的问题时，我们也许只能袖手旁观。"

随后他又表示："我们将会认真考虑，一旦那种情况发生，我们的中央银行可以采取哪些措施去应对突发状况。"

由此可以看出，日本央行还没有足够的能力去应对数字货币存在的风险问题。但是，数字货币在未来的应用已经成为不可逆的趋势。日本央行会竭尽全力，想出相应的对策来解决目前数字货币存在的风险。

数字货币的迅速发展，让世界各地的央行纷纷采取了相应的措施来面对这场声势浩大的冲击。到目前为止，还没有任何央行发行法定数字货币。因为数字货币的特殊性，让各国央行不得不谨慎小心地对待——它们必须确保数字货币系统已经绝对安全，才能把数字货币当作真正的货币投入到使用中。

区块链对数字货币的影响

区块链技术的发展，为数字货币的发行、流通提供了一个崭新的通道，因此也对数字货币产生了巨大的影响。

首先，站在国家的角度来看区块链对数字货币产生的影响。

目前，国家使用的官方数字货币主要为信用卡、银行账户中以数字形式显现的货币。这些数字货币拥有国家法律保护，数字金额的大小取决于开户人在银行中的存款。也就是说，这种数字货币对应了个人在现实中应该持有的资金数目。目前国家的数字货币，看上去安全地保护了个人财产，实际上这种保护却造成了资金流通不够灵活、转账及交易的手续费高昂、为存款人带来的利润非常小等问题，导致了越来越多的投资者不愿把多余的资金存入银行。而且政府通过发放货币对市场进行调控的时候，还不能发放数字货币，只能依靠纸币进行调控。目前这些官方数字货币的问题，都是阻碍国家金融发展的重大缺陷。

而区块链技术就能改变国家官方数字货币的现状。基于区块链技术的数字货币借助网络进行流通，让数字货币拥有了巨大的灵活性。同时，区块链技术去中心化的结构，让数字货币拥有高度的自治性，进而减少了转账、交易的成本。区块链技术还让国家的银行系统能够进行自我更新、调节，每隔一段时间就会有新"区块"诞生，让银行系统能够一直维持最新的状态，进而加强了对金融市场信息的搜集与管理，让政府可以根据最新的市场信息让银行来调控数字货币的发放。最重要的是，由政府发放的基于区块链技术产生的数字货币，受到法律的保护，区块链技术在数字货币上的缺陷可以通过法律的手段进行填补。

其次，站在企业的角度来看区块链对数字货币产生的影响。

目前，企业中应用相对广泛的数字货币有各种商家的充值卡、Q币以及各种游戏币等。但是这些"数字货币"从严格的意义上来说，并不是真正的数字货币。因为它们的应用范围非常小、交易方式单一，只能使用于与数字货币出产企业交换相应服务或者物品的方面，不能在金融市场中形成系统化结构；这些数字货币是由企业产出的，企业可以随意决定数字货币的发行量，也就是说，这些数字货币必须由中心发售，它们的价值也是由中心机构来决定，存在着一定的不稳定风险；由企业产出的数字货币，实质上并没有法律的调控与保护，所以一旦出现损失，只能依靠企业自身进行调控，国家不会给予任何支持。

伴随着区块链技术的诞生与发展，一些区块链初创公司开始尝试使用类似比特币的新型数字货币。一般企业中运用的不成熟数字货币存在的问题，大多基于区块链技术下的数字货币解决。因为区块链让数字货币拥有了固定的算法、固定的数量以及固定的"挖矿"方式，从而提高了企业数字货币的安全性与可信性。随着侧链技术的发展，两种不同的数字货币能够进行自由转化，这种转化关系通过数字货币交易平台，进一步扩大了企业数字货币的应用范围。

最后，站在个人用户的角度来看区块链对数字货币产生的影响。

无论目前国家的官方数字货币还是私人企业发放的非官方数字货币，对于个人来说都存在着一定的信任问题。一方面，个人用户因为不能直接进行监控，导致他们时常担心银行或者企业会把私人信息透露给其他人；另一方面，企业发放的非官方数字货币价值由于受到第三方机构的操控，表现得极不稳定，时常会造成大量的个人经济损失。因此，区块链技术对数字货币带来了改变，为个人在数字货币的投资与使用方面带来了福音。

国家发放的官方数字货币与企业发放的非官方数字货币，它们最终服务的对象就是个人用户。并且区块链技术的匿名性与固定的编程规则，保护了个体用户的私人信息安全，提高了数字货币的信任度，为数字货币在人群中流通奠定了一定的基础。特别是由国家发放的官方数字货币的价值波动非常小，并且受到国家法律的保护，因此当个人用户在投资使用的时候，减少了价值波动带来的风险性，进一步稳定了数字货币在全球的发展与应用。

目前，市场上已经出现了大量与区块链技术相关的数字货币，已经形成了初步的新型数字货币模式框架。这些数字货币都还处于探索阶段，还不够成熟，但是已经给目前的主流货币带来了巨大的冲击，并且数字货币在未来必定会成为全球主流货币。

"区块链＋数字货币"的应用案例

  去中心化的区块链技术用集体维护的方式，支持了庞大的数字货币家族，为"区块链+数字货币"在未来应用上提供了许多可发展的方向。正由于"区块链+数字货币"在未来发展中的无限可能性，因此吸引了许多金融企业的目光。并且越来越多的区块链初创公司也伴随着"区块链+"的浪潮一起诞生。这些初创公司大多数会从"区块链+数字货币"这个初步起点开始入手，以融资的方式，在比特币的基础上进行应用拓展与创新设计。

案例一：RippleLabs（瑞波数字支付公司）

瑞波数字支付公司的前身是OpenCoin（瑞波币发行与维护公司），这家公司成立于2012年，总部在美国的旧金山。瑞波数字支付公司创造了一个去中心化的支付网络，并在这个网络上运行公司独创的"瑞波币"。

与传统的跨界转账支付相比，瑞波币节省了跨境转账的时间，并且在一定程度上实现了零成本。虽然瑞波数字支付公司在区块链技术与数字货币的运用上已经形成初步的形态——通过瑞波币可以进行任何货币的转账、清算、支付等服务项目，但是，瑞波数字支付公司的主要服务对象集中在银行、金融企业等，还没有普及到大众消费者的领域。

目前，瑞波数字支付公司已经与美国新泽西州的跨河银行（Cross River）、CBW银行、德国Fidor银行签订了跨境汇款服务。

案例二：BTCJam比特币P2P借贷平台

位于美国旧金山的BTCJam公司，能够为全球提供P2P（点对点）的比特币借贷服务。BTCJam公司表示，可以"绕过法定货币的限制，允许全球的任何人通过其平台接收贷款"。因此，通过BTCJam提供的平台进行贷款，可以在任何地点、任何时间贷到所有的资金。

BTCJam公司的CEO（首席执行官），来自巴西的塞尔索·皮塔（Celso Pitta）曾经说过："我们是一个全球借贷平台，我们使用比特币作为国际化、跨国界借贷业务的支付渠道"。

BTCJam公司自身就有募集比特币等数字货币的钱包，而且这家公司还与全球的数字货币交易所合作，因此比特币等数字货币才能通过交易所转化为法定货币。贷款者通过BTCJam平台，就能直接借贷到可以使用的法定货币。

案例三：PayPal（贝宝）接受比特币支付

贝宝是全球最大的第三方支付平台，属于美国eBay（易贝）公司的全资子公司。

贝宝公司在2014年就已经宣布与Coinbase（比特币公司）、BitPay（一种比特币支付平台）、GoCoin（数字支付处理公司）合作，为比特币这种数字货币提供支付服务。现在许多虚拟商品，可以通过贝宝接受比特币的付款。但是贝宝接受数字货币付款的，仅限于虚拟商品，因为这是贝宝的一次试水——通过"为数字商品卖家提供简单的一站式服务，来试水这种新兴支付手段"。

贝宝在试水过程中非常谨慎，公司表示："需要明确的是，今天的新闻并不意味着贝宝已经将比特币作为我们数字钱包中的一种货币，也不意味着我们的安全支付平台会处理比特币支付。贝宝始终拥抱创新，但必须确保为用户提供更加安全和可靠的支付服务。我们对比特币的态度也并无不同。正因如此，我们才决定逐步推进此事，目前先以某种方式支持比特币，在了解它的发展前仍将禁止其他方式。"

由此可见，尽管贝宝对数字货币保持着支持的态度，但是由于数字货币本身存在的风险与未知性，让贝宝没有可以继续深入的把握。然而，贝宝同意使用数字货币来购买虚拟物品，就已经在一定程度上为目前数字货币向未来真正的数字货币的发展提供了一次绝佳的机会。

案例四：专业数字货币银行

Kraken数字货币交易平台（一家总部位于旧金山的比特币交易所）在2014年3月获得300万美元的投资后，成为全球范围内先进的数字货币交易所之一。因此，Kraken公司在区块链技术方面也获得了一定的收益。

Kraken公司在2014年就与德国Fidor银行合作，准备联手打造"专业数字货币银行"。在Kraken公司与Fidor银行的合作中，Kraken公司负责全部的技术支持。对此，Kraken公司表示："创建一个尽可能广泛的网络，是我们所有人的利益所在。"

Fidor银行的首席执行官表示："我们要为那些对虚拟货币体系的想法和

愿景很感兴趣的企业家和零售客户，建立一个规范和专业化的银行。但是，我们不能也不会凭我们自己独立去做。"因此，Fidor银行与Kraken公司的合作的最终目的，是"创造一个数字货币服务'市场'"。

对于Kraken公司来说，德国Fidor银行是最理想的合作伙伴。Kraken一开始的目标就是"建立比特币和其他数字货币对欧元、英镑和其他政府发行的传统货币进行合法的补充"。在这一点上，Kraken公司与Fidor银行不谋而合。

第六章　区块链+共享金融

　　共享经济的理念已经深入世界各个角落，共享金融作为共享经济的核心目标却还有很长的路要走，它需要依靠金融科技等各方面的支持。区块链技术的诞生则为共享金融提供了有力的技术基础，让基于共享经济之上的共享金融框架得到了初步的发展，在金融领域的未来，"区块链+共享金融"必定会成为热门话题。为了不被"区块链+共享金融"的潮流淘汰，首先要了解共享经济下的共享金融；其次分清共享金融与目前主流互联网金融的关系；最后深入了解共享金融的发展动力与内容。在对共享金融进行初步的了解之上，才能真正明白"区块链+共享金融"的意义以及它的创新实践。

共享经济下的共享金融

伴随着互联网在全球范围内的覆盖,世界一体化的格局已经初步形成。在世界一体化的推动下,许多生产生活中剩余的资源都被再次利用起来。因此,共享经济的理念伴随资源的再利用初步形成。目前的共享经济模式,如Uber(优步)、滴滴打车等,都在一定程度上获得了成功。这些目前获得成功的共享经济模式无一例外,都需要依托第三方平台才能够运行。

以优步为例,优步就是以第三方中介平台为核心,将有车的司机与需要代步工具的客户通过平台连接起来,并且这个平台作为一个维持信任的机构，在司机与客户之间进行监管与记录。当司机与客户在交易顺利完成后，优步就会在交易费用中扣除一定的"中介费"来维持自身的运营。

为了方便优步的监管，双方交易的过程都必须在互联网上执行。也就是说，客户必须在线上进行预约、定位、支付，司机也必须在线上接单、收款。一切线下的预约、现金支付等，由于脱离了第三方平台的监管，优步都不会给予信任证明。

由此可以看出，共享经济模式优步的应用核心就是共享金融——多余的资源都是通过"交易"的方式被需求者再利用。因此，未来的共享经济核心就是共享金融，并且共享金融已经在不知不觉中渗入人们的日常生活中。越来越多的消费者逐渐习惯于使用优步，虽然优步在目前的情况下给消费者带来便捷的服务，但是就目前共享经济的模式来看，还没有实现真正的共享金融。即使相关研究者们不能否认优步目前的成就，但是优步确实没有真正实现去中心化的点对点系统。

中国人民银行金融研究所所长姚余栋表示，"共享金融是去中心化的过程，其典型形式就是点对点和互联网众筹"。根据姚所长所说的，共享金融首先做到的就是"去中心化"，但是优步、滴滴打车等模式都是在用户之间创立了中心机构，才能维持用户之间的信任关系。因此优步并不是真正意义上的共享金融，它只能算是共享金融发展道路上的初步共享模式，而共享的最终目标，应该是在"去中心化"的前提下，达到点对点的直接交易。

去中心化作为共享金融的基准，能够避免依靠第三方中间机构带来的资源浪费，做到把社会上多余的资源全部再利用，实现真正的"共享"目标。随着互联网上的交易越来越多，每天都有大量的人在线上进行购物、转账、支付等活动，每一笔交易都会产生或大或小的中间费用。这些中间费用被第三方中间机构收取，主要被用来维护自身的运营。毕竟，随着互联网线上交易量的增多，第三方机构也要随之一起扩大，这样才能更好地维护信任安全。而第三方中间机构不能只靠自己的力量进行衍生，只能在交易环节中获得必需的资源。

因此，想要做到真正的共享金融，还需要进一步的探索。目前实现的共享经济还没有达到完全的"共享"，至少现在的共享经济模式还不够成熟，它还没有实现在去中心化的前提下建立用户之间的信任。但是区块链技术的出现，为实现真正的共享金融带来了一次巨大的机会。区块链技术的去中心化、分布式结构，与真正的共享金融模式高度契合。虽然目前大多数研究者对于区块链技术在共享金融中的应用这一方面，还不能确定能获得绝对的成功，但是至少这些研究者对区块链技术的前景寄托了一定的期望。

区块链技术的发展是在比特币的成长中被逐渐体现出来的底层产物。比特币等数字货币在金融业中已经获得了广泛的认同，它的去中心化结构以及高度的安全机制为金融业创造了崭新的应用领域。因此，越来越多的相关人士将它们的目光转向了比特币的底层——区块链技术。想要进一步把区块链技术运用到整个金融行业中，实现整个行业的去中心化。

在经济发展过程中把区块链技术融入共享金融中，首先要全方位理解区块链技术。目前区块链技术的去中心化、分布式、安全性等优点已经被大多数比特币支持者再三强调，但是这不代表区块链就是绝对完美的技术。其次要正确面对区块链技术现在已有的问题和未知的隐患：去中心化导致了外界监管无法深入区块链技术的内部，区块链技术在应用上一旦出现漏洞就无法被挽回；法律上也没有给区块链技术相应的约束规范，导致了普通民众无法在心理上真正认同这项技术；区块链技术在发展和应用上都还处于起步阶段，还存在愈多未知的隐患。这些问题在区块链技术在共享金融的应用中无法避免，研究者只能选择正面解决，逐一击破。想要彻底解决区块链上已经出现的问题和未来可能出现的隐患，还要经过很长的一段时间。最后要正确理解"共享"的理念与"去中心化"的关系——去中心化的模式可以实现共享的理念，但共享的理念不是必须要依靠去中心化来实现。去中心化是目前实现共享的最好模式，然而未来世界科技的创新发展不可预测，也许会有超越去中心化的更好模式诞生。

未来的世界是共享的世界。在互联网的连接下，不只是信息能实现共享，地球上的任何资源都可以共享。共享经济目前已经有了初步的框架，而共享经济下的共享金融则作为核心目标，世界正在利用去中心化的技术逐步靠近这个目标。

共享金融与互联网金融

如今的互联网已经渗透到世界各个角落,并且已经飞快地融入各个行业,互联网金融就是互联网与金融业结合的产物。互联网席卷了整个金融领域,给传统金融带来了一次巨大的冲击——互联网重塑了传统金融的运行模式,甚至改变了传统金融的类型。在这巨大的冲击之下,互联网金融诞生了。

其实早在20世纪,互联网金融在国内就已经被运用于支付网关中。此时的互联网金融才刚刚起步,主要为客户提供小部分金融服务。伴随着互联网在支付网关中的初步使用,越来越多的企业认识到互联网为金融业带来的便利，于是一些专业的互联网金融公司相继诞生。直到2012年以后，互联网金融进入了发展的高潮。互联网金融不再是专业企业的天下，许多其他行业也相继融入互联网金融中，进一步扩大了互联网金融的影响力。伴随互联网技术的高速发展，移动互联网、大数据、云计算都为互联网金融规模的扩大提供了有利条件，因此目前的互联网金融才能进入鼎盛时期。

伴随着互联网金融应用的高潮，传统金融原始服务功能的空缺之处被网络服务填补。互联网作为基础工具，将传统金融中分散的企业通过虚拟网络连接，让不同的企业、不同的交易者成为一个整体。因此，互联网让金融业的发展从线下转移到线上、实物交易变成虚拟交易、人面对面的谈话变成点对点的信息传播……这些改变都是互联网金融在发展过程中带来的必然结果，也是全球数字化的一种重要表现。并且互联网金融在免去复杂手续的情况下，使用一定的监管性能来维持使用者的信用度，让使用者在信用度足够的情况下可以通过众筹、预支等方式调动社会上其他闲置的资金，进而避免了社会闲置资源的浪费，让企业、商家的利润可以最大限度地反馈给顾客。

这些由互联网金融带来的社会价值，用可持续发展的眼光来看，就是共享理念的表现形式。因为，大量线下的社会资源被转移到线上，被互联网金融主要应用于支付、贷款、征信、众筹等方面。这些与社会资源流动去向有关的应用，都需要企业或者个人对其他人进行开放式资源共享。在全球一体化的当代，企业或者个人对资源的垄断已经成为阻碍持续发展的迂腐手段，只有资源共享才能实现互利共赢，让社会进行。因此，共享才能真正实现可持续发展，共享金融才是金融发展的终极目标。

中国社会科学院金融研究所所长助理、支付清算中心主任杨涛在《共享金融的理想与挑战》的演讲上曾说过："我们觉得现在有移动金融、互联网金融，更多的形容词是表达当前热的状态或者是渠道，或者是一些希望达成的东西。但是后来我们突然想到用'共享'二字能表达金融体系发展的改革的终极目标。那就是更多的主体参与到产业链当中,参与成果分享,参与到定价模式,参与到风险共担当中。"

目前在社会上引起热潮的互联网金融只是共享金融的一个重要分支,是共享经济时代下的产物。人类在金融业的长期的可持续发展中,最终还是要把共享金融当作"终极目标",实现真正的资源共享。同时,站在全球金融业的发展技术上来看互联网金融。目前,移动支付、电子商务等项目在互联网金融中都获得了一定的成就。而这些项目都需要建立在身份信息的验证、测评信用度以及维护信用度等工作基础上。大数据、云计算技术的日渐成熟,为互联网实现这些工作提供了技术基础。虽然这些技术让互联网金融可以运用到很多场合,但是互联网金融在本质上依然摆脱不了中心化的结构。只要没有实现去中心化,就无法达到真正"共享"的目的。互联网金融的中心化结构是目前技术水平有限导致的结果,并不是互联网金融本身的缺陷。因此,伴随着技术的发展,必须以去中心化的技术为目标实现最终的共享金融。

互联网金融从概念上就是以"共享"为核心的产物。共享是目前社会发展的大方向,因此互联网金融的概念并没有任何错误性质。但是互联金融现在依托的基础技术,让其只能是"互联网金融",还不能达到"共享金融"的水平。只有实现去中心化,使在交易者中间获取利益的第三方机构彻底消失,才是真正的资源共享。目前已经成熟的大数据、云计算等主流技术都无法实现去中心化,但是伴随着科技的创新,区块链技术的诞生为去中心化带来了希望。即使未来区块链技术会因为缺陷问题在科技发展的潮流中被时光埋没,但是区块链技术带来的去中心化影响,也能够为未来技术的创新方向起到一定的指导作用。

因此,未来想要实现金融的可持续发展,就必须实现共享金融,而区块链技术的诞生必定会成为未来共享金融的推动力。随着全球技术的创新，"互联网金融"一词在未来必定会被淘汰。共享金融则会伴随着最新的技术、最前卫的金融观念长期生存下去，成为金融业发展的终极成果。

共享金融的两大动力：技术与制度

中国社会科学院金融研究所所长助理、支付清算中心主任杨涛曾经说过："在共享金融概念的基础上，可以进一步深入到它的根源。看到所有的金融问题、新金融问题，以共享金融（概念）涵盖的时候，我们要看破背后的面纱是两大要素，一是技术，二是制度。"由此可见，技术与制度是共享金融的两大动力。技术的发展与创新，再加上制度的变化，同时带动了金融业的进步。金融业想要实现"共享"的最终模式，就必须依靠全面的技术支持与完善的制度维护。

1.共享金融的技术动力

科学技术的发展脚步从来不会停滞不前,新技术会以成熟的技术为基础,经过研究者的加工处理,源源不断地涌现出来。从目前的情况来看,拥有最大可能性实现共享金融这个终极目标的技术动力有两个——互联网技术与区块链技术。

(1)互联网技术

互联网技术是共享金融的基础。在这个任何事物都可以数字化的时代,网络是传递数字信息的必要载体。也就是说,现在的网络除了传递信息之外,还能传递资金与实物资源。这是互联网技术经过漫长发展获得的结果,其他的技术都难以在数字化与信息传递方面代替互联网技术。

从目前的情况来看,互联网技术不仅是互联网金融的基础,其他行业大多也离不开互联网的支持,甚至人与人的交际、企业与企业的联系都在利用互联网技术。即使是目前的大数据、云计算等热门技术,也是在互联网技术的基础上进行拓展创新。而站在未来的角度来看,互联网技术虽然经过长期发展已经变得非常成熟安全,但是互联网依然存在着许多未知的可能性。这些未知的可能性,让研发者在互联网技术的基础上能够进行无限的创新。

因此,互联网技术能够成为支撑世界发展的基础,而未来共享金融的终极目标也必定会依靠互联网技术来实现。

(2)区块链技术

如果说,互联网技术是实现共享金融的基础动力,那么区块链技术就是实现共享金融的潜在动力。

从2008年区块链技术诞生开始,它的发展历程远远不如互联网技术。甚至区块链技术本身就是互联网技术创新的产物,因为目前的区块链技术,主要还是建立在分布式网络的基础上。由于区块链技术诞生于网络中,因此它的真正实力在现实中并没有发挥出来,所以目前的区块链技术就是互联网技术进行拓展创新的产物。

但是区块链技术创新的地方——去中心化、共识机制等，让区块链技术成为实现共享金融的最大潜在动力。即使区块链技术目前还没有在全球范围内普及，甚至在应用上还存在许多瑕疵，但是也不能阻止世界各国的研究者对区块链技术的期望。

2.共享金融的制度动力

完善的制度为人类带来强烈的安全感，而安全感是人类产生信任的基础。既然共享金融需要技术的创新，那么也必定伴随着制度的改革，才能让共享金融里的新技术在全球范围内被信任。因此，只有在法律、监管上对共享金融进行制度方面的完善，才能让共享金融被所有人接受，只有被全人类认同，才能实现可持续发展。

（1）法律规范

法律是一种特殊的社会行为规范。与一般口头约束的道德规范、行为规范不同，法律是由社会认可国家立法机关制定的行为规则，它对国家中的所有成员都具有约束力，并由国家强制执行。因此，法律保障是人类最大的安全来源。

在世界进化的道路上，科学技术的发展会为法律带来巨大的影响力。法律必须要针对主流的科学技术进行约束，协调科学技术与人类之间的关系，让科学技术能够在以人为本、为人所用的基础上进行拓展创新，限制科学技术可能带来的负面影响。

在共享金融的发展之路上，必然会出现创新技术。因此就需要有相应的法律来规范新技术的用途，以确保新技术能为人类造福、促进人类的发展。即使新技术不能被真正地使用，也要用法律规范来保证新技术不会危害人类社会。

（2）监管体系

共享金融必须要在一个完整的监管体系下才能实现。监管体系则是在法律规范上的进一步延伸，需要自律与法律来共同完成。

自律就是道德上自我约束。技术的使用者，要通过自律来保证技术能被使用在正确的地方。然而，并不是所有人都可以做到自律，全球总会有许多高科技犯罪者潜伏在阴暗的角落，利用各行各业技术上的漏洞进行犯罪，扰乱社会秩序。这类犯罪者不会自我约束，因此才需要完善的监管体系来约束和惩罚。

监管体系不仅起到约束、惩罚的作用，还起到"捉虫"的作用。完善的监管体系能够在新技术的应用中，及时找出"虫洞"进行填补，不仅为人类使用新技术带来了便利，也杜绝了未来可能发生的犯罪可能性。这个监管的预测作用，还能进一步提升信任机制，为去中心化的共享金融奠定一定的信任基础。

技术与制度相辅相成，共同推动了共享金融的进程。即使是被大量业内人士支持的区块链技术，由于目前没有出台相应的制度，从而导致了区块链在普及的过程中饱受争议——一方面，有大量支持者赞扬区块链技术的优点；另一方面，也有不少人认为"比特币是传销"。这种争议的起源就是由于制度的缺乏，但是中国人民银行金融研究所所长姚余栋曾说过："我们看到出现一些走偏和部分混乱的现象，一些风险在某些特定领域爆发，所以也在进行互联网整治。同时相关法律法规也在逐渐完善，这是一个逐步的过程，需要耐心等待。"

因此，在对新技术的摸索过程中，制度需要更漫长的时间来完善。共享金融也不是一朝一夕就可以实现的目标，在技术与制度的推动下，还需要全人类共同的付出与等待。

共享金融的六大内容

　　互联网在全球范围的覆盖与去中心化技术的发展，已经为共享金融奠定了一定的技术基础，在此基础上，共享金融模式在未来能够实现的内容逐渐显现在人们的眼前。依据目前全球金融的发展水平，部分共享金融的上层内容已经形成初步的框架。国家金融与发展实验室理事长李扬曾提到过，共享金融包含的内容至少有六个方面——共享基础设施、众筹、网贷、供应链金融、相互保险和财富管理。

1. 共享基础设施

金融的发展从传统金融阶段过渡到互联网金融，又从互联网金融朝着共享金融继续前进。这是一个不断积累、优化的过程，每一个阶段都会在社会上积累一定的设备与经验。然而，在接下来进入共享金融阶段的时候，不应该把在传统金融与互联网金融中积累的设备与经验彻底抛弃，而是在上一个阶段的基础上，进行下一步的探索。因此，每一次的成功过渡，人类都应该可以同时享受到现阶段的服务和上个阶段的服务，也就是说，要共享金融发展的基础设施。

由此可见，在金融发展的过程中，每个阶段的设备与经验都会成为下个阶段的基础设施。为了实现共享金融的最终目的，首先要做到的就是共享每个阶段的基础设施。

2. 众筹

众筹是通过群众来募集资金的方式，其具有低门槛、多样性的特点。目前的众筹方式一般是由个人或者团体，通过互联网来获取资金。这些募集的资金可以被用来创立公司、建立项目、进行救助行动及技术创新等。因此，众筹为社会上许多缺少资源的人提供了聚集资源的机会，是社会共享金融的重要表现。

3. 网贷

网贷指的是P2P网络借贷。它与传统的银行贷款不同，客户可以通过互联网进行直接借贷，不需要实物担保。只要客户在互联网上拥有足够的信任度，就可以贷到与信任度等比的资金。

网贷在一定程度上降低了金融机构搜寻信息、筛选有效客户的成本，降低了个人贷款的门槛。同时一些小微金融机构时常会为客户提供小额贷款，让微小的资金也能获得一定的周转机会。

4.供应链金融

深圳发展银行副行长胡跃飞对供应链金融的定义为："供应链金融是指在对供应链内部的交易结构进行分析的基础上,运用自偿性贸易融资的信贷模型,并引入核心企业、物流监管公司、资金流导引工具等新的风险控制变量,对供应链的不同节点提供封闭的授信支持及其他结算、理财等综合金融服务。"

因此,供应链金融是一种适合中小型企业与初创公司的新型融资模式。它既能将资金及时输送给供应链中的各个环节,又能为供应链中的中小型企业提供全方位的金融服务。供应链金融整合了供应链中的上下游企业,根据各个交易环节调节资金服务,进而提高了整条供应链的收益水平。

5.相互保险

保险业在中国已经非常发达,但是相互保险在整个行业中发展得较晚。中国的第一家正规的相互保险公司是2004年成立的"阳光农业相互保险公司",并且在此之后,中国的相互保险服务也是以公司企业为主,涉及的小组织与小团体相对较少。

站在共享金融的角度来看,相互保险应该大力发展起来,让它能进一步被小组织或者小团体利用,而不是仅限于企业,要让同一个圈子内部的人,都能够实现"共享收益,同担风险"。

6.财富管理

现在的社会,不仅大型企业对财富管理的服务有需求,社会上的普通人也需要进行财富管理。现在很多的小微金融企业,已经把服务的重点对象转移到普通群众的身上。财富管理服务对象的精细化不仅是金融业进步的表现,也是社会发展的证明。然而这还远远不够,财富管理只有在共享金融的环境下,才能发挥它的最大价值。

共享金融除了共享基础设施、众筹、网贷、供应链金融、相互保险、财富管理六种主要内容之外，还有补充货币、产业融合等其他内容。由于共享金融在目前的社会条件与技术条件下还没有真正实现，导致了其他方面的内容不够突出，也没有真正普及到全球范围的普通人手中。但是共享金融是未来必定要实现的目标，因此共享金融必定还能有更好的服务内容。

区块链助力实现共享金融

在目前所有的技术中，区块链技术是共享金融最大的技术助力。区块链去中心化、分布式以及共识机制等，都有利于推动全球范围内金融模式的改革，为共享经济下的互联网金融模式过渡到共享金融模式提供了巨大的技术支持，让整个金融产业链能够进一步实现真正的共享、共赢。而区块链助力实现共享金融主要体现在以下几个方面：

1. 共享资源与服务

在金融交易中，客户是金融企业资金的来源，同时也是金融企业服务的主要对象。在客户为金融企业提供资金的时候，一般情况下无法与金融企业直接接触，往往需要银行、股票交易所等作为中介，才能与金融企业发生间接联系。在这样的情况之下，客户作为资金的提供者时常缺乏对企业的有效监控，更不能对企业直接提出建议。

然而利用区块链技术的特性，就能够打破传统金融的中心化规则。在区块链技术的帮助下，共享金融的模式能够提高客户在金融业中的地位，让客户的资金能够直接流向企业内部；客户的个人建议也能通过区块链技术直接传达到企业内部，让金融企业根据客户的需求提供相应的直接服务。这种金融"共享"方式，让客户能够进一步参与到企业的管理中，不仅提高了客户的权益，还最大化发挥了客户的个人能力，金融企业也因此节省了调查客户需求所花费的时间与资源。

2.追踪交易物品来源

区块链技术让物品拥有了可追踪的特性，也就是说，只要把区块链技术运用到物品生产的产业链上，客户就可以根据物品直接查找到物品的生产商，甚至可以追查到物品的原料生产商。

交易中物品来源的共享，在奢侈品、二手物品、药品、化妆品等领域尤为重要。来源共享可以预防伪造的产品在市场上流通，可以防止贵重物品被人为盗取转卖，可以防止货品信息在交易过程中被人任意篡改，可以避免交易过程中客户信息的泄露……这些物品来源共享的好处，都是建立在区块链技术的基础之上才能得以实现的。

比如，基于区块链技术产生的数字货币，就可以当作物品的"标签"。这个"标签"既可以起到作为物品"防伪证书"的作用，还可以用来当作物品数字化的流通标记，让物品的拥有者可以通过这个标记追查到物品的原料、生产过程以及曾经是否有别的持有者。同时，区块链技术采用的分布式结构，让每个与物品有关联的人或者企业都能记录下物品的信息，导致了物品的信息不能被轻易篡改，确保了流通物品的安全性。

因此，区块链技术在共享金融中，推动了物品来源的共享，让交易物变得更加安全，进一步减少了社会上的假冒伪劣产品与不法交易。

3.约束风险

在小微金融和普惠金融中，因为信用的缺乏和技术的限制，导致了服务很难扩展到每个有需求的人或者企业。小微金融和普惠金融在提供服务的过程中，自身承担着较大的风险，如果不能为小微金融和普惠金融分担一定的风险，那么就无法实现真正的共享金融。

区块链技术的出现改变了小微金融和普惠金融机构作为风险主要承担者的局面，它可以让小微金融和普惠金融服务所承担的风险平分到享受服务的个人或者企业中。因此，区块链技术降低了金融服务的风险性，提高了金融服务的积极性，进而让小微金融和普惠金融的服务能够被真正"分享"。同时，区块链技术可以通过固定的程序，强制让金融服务与享受服务的人完成已经签订的合约，约束双方必须按照合约的流程来执行，降低了服务过程中因为双方的变量因素导致的风险问题。

金融风险与约束共享是区块链促进共享金融的重要方式之一，也是区块链技术自身监管体系的表现形式。区块链打破了传统金融对风险监管的漏洞，强化了个人与金融业的信任关系。

4.与非金融业共享发展

金融产业链在实际的发展过程中，穿插了许多非金融产业机构。这些非金融产业通过交易的过程，进一步成为金融企业利润的来源。因此在金融产业发展的过程中，必须带动这些非金融产业共同发展，才能平衡整条金融产业链上的供求关系。

所谓金融发展的共享，一方面指金融产业之间要互相带动、共同发展；另一方面指金融业也要与其他产业互相配合、共享发展。金融业不能一味地进行自我衍生，在创造出新产品的同时还要去考虑其他行业的需求与发展状况。金融业与其他产业的共享、共赢才是金融发展共享的核心内容。

区块链技术就能在共享金融中促进金融产业与非金融产业的关联性，推动金融产业与非金融产业的"共享发展"。区块链技术抹去了产业链中的中心企业，让所有的企业都能处在一个相对平等的位置，进而加强了企业的关联性，预防了金融企业中时常发生的内部"无效交易"。区块链技术创造的分布式总账本，让金融产业链中的每个企业都能看到产品出产的过程以及消耗的全部费用，使金融产业链更加安全、透明化，进一步强化了金融产业与非金融产业之间的信任关系。

金融业的发展总会伴随着一定的风险与信任危机，因此实现共享金融的过程必定会非常艰难。到目前为止，还没有任何成熟的技术能够完美地解决金融发展中存在的风险与信任危机。从全球的技术水平来看，只有还未成熟的区块链技术拥有最大的未来可能性，因此区块链技术会成为实现共享金融的最大助力。虽然区块链技术的发展还在起步阶段，但是它已经为实现共享金融带来了巨大的希望。

"区块链+共享金融"的创新实践

目前，区块链技术主要的实践就是数字货币方面，不少区块链初创公司已经创立了数字货币交易平台，为数字货币的交易提供了初步金融领域的相关服务。这些基于区块链技术产生的数字货币为共享金融提供了实现的基础条件，未来区块链技术不仅会被应用在数字货币方面，"区块链+共享金融"还能为金融领域带来更多的创新实践。

1.数字票据

票据是传统金融交易中可以用来支付、融资等的有价证券，是信任实体化的体现。它在使用的过程中具有高灵活性、低门槛的特点，且大多数票据的时效期短，为金融企业带来的相对收益较高，有助于丰富金融产品与金融服务的内容，提高了市场中金融交易的速率。由于受到互联网的影响，数字票据正在逐步取代纸质的票据。但是目前的数字票据与纸质票据依然存在类似的缺陷——都需要第三方机构在背后进行担保，交易才能正常进行，从而导致了票据在本质上并没有产生大的改革。而区块链技术就能够让数字票据在交易的过程中实现完全的去中心化，进而改变金融业票据系统的结构，生产出颠覆传统纸质票据的真正"数字票据"。

区块链技术还能防范票据中隐藏的风险问题。首先，区块链技术在一定程度上预防票据的第二次消费——每个数字票据在区块链技术的监管下只有一次使用机会。其次，一般意义上的数字票据需要靠中心来维护，一旦中心服务器崩溃就会在整个金融业引发巨大的灾难，造成全民损失，而区块链技术的去中心化就避免了中心结构的隐患。最后，区块链技术能够自主评估每位客户的信任度，再根据信任度对金融市场的资源进行合理的分配，减少了票据交易过程中的资源损失。区块链是数字票据实现的技术条件，共享金融则是数字票据实现的大环境。只有共享金融的理念深入世界的每个角落，数字票据才能被全球人民接受。同时，共享金融也是数字票据应用的大环境，只有在共享金融的条件下，数字票据才能被人们信赖，才能发挥出它最大的价值。

2.资产证明

在未来共享金融的环境下，个人和企业将资产分享出去后，同时能够证明资产拥有者的身份成为一项重要环节。在区块链3.0的时代，"区块链+共享金融"就能够完美解决资产证明的问题。

在目前的条件下，如果想申请一份资产的拥有权证明，可能需要涉及政府部门、银行、征信公司等第三方机构，需要这些第三方机构依次开出相关证明，才能确定资产的真实拥有者。毕竟资产证明是一件非常严肃的事情，第三方机构必须认真仔细地核查申请人的身份、履历，最终才能得出判断。因此，必须要有大量复杂的手续和漫长的等待时间，才能获得最终的结果。

在共享金融的前提下，区块链技术的分布式特性，让每个终端都拥有了对网络的监控权。特别是数字资产在网络上流通的时候，区块链技术为数字资产打下的时间戳与密钥，能让每个终端上的人都根据这些内容共享到资产的来源，并且能与其他相关终端进行核对。在有超过51%的相关终端的同意下，才能判定这份资产的拥有权。这种资产证明的方法，避免了现今需要第三方机构证明的复杂步骤。

3.金融审计

金融审计在金融业风险防范中起到了重要作用，涉及银行、保险、贷款、证券等金融机构，甚至与金融监管方面直接相关。即使在未来共享金融的大环境下，金融审计也是必要的资产安全防范方式，而区块链技术就能够在共享金融下创造全新的金融审计方式。

首先，"区块链+共享金融"已经创造出一个相对安全的金融环境，并且每个人的共享记录都会被存储于透明化的网络中，人与人之间的信任与共享都因此得到了一定的提升。其次，区块链的分布式清算机制，让每笔资金都可以轻易搜寻到它的来源以及最终去向，简化了审计中的调查过程。最后，区块链技术实现的"全民记账模式"已经颠覆了传统金融业的审计模式，排除了传统金融业的第三方审计机构，让区块链上每个终端的操作者都可以通过网络进行金融审计。因此在未来"区块链+共享金融"之中，必定会掀起一场"金融审计变革"。在这场变革的引导下，全新的金融审计模式会被应用于实践中。负责审计的会计师事务所，会由人力审计劳动转变成区块链审计专业技术服务的提供者，让需求者能够直接看到全部的审计内容和过程。

4.征信市场

传统金融业征信方面存在着许多问题：客户不愿意分享自己的资料，但是却要向第三方提供资料；由于技术条件、人力资源等限制，征信数据库并不全面，目前银行征信数据库主要包含信用卡还贷情况、贷款是否逾期等，日常消费如水电费、话费等都没有纳入征信范围；随着金融业的发展，征信的标准不能与之同步；企业和个人信息的权益与安全方面还存在着挑战……这些问题都会影响到企业和个人的征信过程，当企业或者个人因为这些问题而产生了较为严重的后果时，没有相关的措施进行保护，进而会影响整个征信市场的发展。

未来"区块链+共享金融"则为征信市场带来了转机。首先，区块链技术改变了征信中心化的结构，强化了信任度，为企业和个人的征信带来了极大的便利；其次，在共享金融之下，信息分享会变得更加简单，而区块链的分布式与匿名性又保护了共享信息的安全，让客户愿意在区块链网络上分享自己的信用信息；最后，由于区块链技术拥有自我更新的特点，可以让征信数据库不断地自我完善，从而最终让社会的征信体系能够与金融业的发展同步进行。

"区块链+共享金融"的创新除了以上四个方面之外，在区块链技术带来的无限可能性中，未来还会出现更多实践内容。在共享金融的背景下，只要区块链技术还在延长进化，就会有源源不断的新金融创意诞生，并且每个新创意都会拥有与世界"共享"的机会。

第七章 区块链+加密数字资产

近年来,加密数字资产引起了全球的高度关注,它使用由众多节点构成的去中心化的分布式网络来记录交易信息,这其中最关键的就是区块链技术。这是一门在未来会给金融业和其他行业带来巨大改变的技术。那么,区块链和加密数字资产之间到底有怎样的联系?它们之间是什么样的关系呢?本章将从概念性层面先介绍加密数字资产,再从数字资产、加密数字资产和区块链的概念以及联系来介绍相关知识。结合加密数字资产的五大应用方向,分析加密数字资产的作用以及加密数字资产积分将会给未来模式带来的改变。接下来,就让我们来更全面地认识一下区块链和加密数字资产吧。

什么是加密数字资产？

　　加密数字资产对大多数的国人而言，尚属于一个比较陌生的领域。然而加密数字资产作为一种新兴的资产形态，不仅开始在经济活动中崭露头角，还逐渐占据着越来越重要的地位。在国际互联网金融风云突起和各国力推数字货币的今天，其潜在价值是可以预估的。因此，了解加密数字资产、普及相关知识、积极投身其中并尽早拥抱其产生的红利，才是真正的王道。那么加密数字资产到底是什么呢？加密数字资产具有哪些特性呢？

　　加密数字资产又叫数字货币，是电子货币形式的替代货币，这与我们在日常生活中所接触到的微信红包、支付宝是不同的,这些都是依托电子平台为媒介的,其本身不是钱,而数字货币本身就是钱。加密数字资产是建立在区块链之上的,区块链技术对于加密数字资产而言就是灵魂,是不可或缺的一部分。加密数字资产本身仅仅是一串串代码,这些代码所指的也不是固定资产,而是存在于加密数字资产网络中的一笔笔交易记录。比特币、狗狗币、莱特币等加密数字资产的本质都是一样的,它们都是一串串代码,而这些代码全部是对应加密数字资产的一系列账本记录。

加密数字资产是完全依赖于一种开源软件,以及构建于其上的P2P网络,通过不同的算法来计算生成的。加密数字资产是依赖于互联网并建立在区块链技术上的,也就是说,没有互联网就没有信息时代。可以说,在某种程度上,数字加密资产顺应了互联网时代奉行的开放对等、共识主动性的原则。它无须通过政府审批,也无须通过其他银行或第三方中介机构。它利用对等网络技术,发挥出人们的共识主动性,把维护、发行和使用P2P开源货币的权利,交给全球的每一位用户。那么,加密数字资产是如何维护到全球每一用户的利益并让用户发现其自身潜力的?主要是因为其自身的一些特性,加密数字资产作为新兴的金融工具,合理、合法、防伪、抗通胀是其具有巨大潜力的四个特征:

1.合理性

加密数字资产是金融发展进步的一个必然结果,不仅顺应了互联网时代的发展,也推动了社会的进步。中国的支付宝、Q币和美国的贝宝虽然都是互联网金融工具,但是这些金融工具是在中央服务器上用专利垄断软件开发出来的盈利电脑程序。P2P开源货币——加密数字资产,是在去中心化的对等网络中,用人人都有权利来改编的开源软件开发出来的免费电脑程序之一。P2P技术不需要中央服务器和用户IP地址,每个用户端电脑就是服务器的一个组成部分,服务器是由分散在全球的服务群组成的。也就是说,用户越多,服务器的功率也就越强大，用户电脑端配置越来越高，服务器的效率也就越来越大，反之，没有用户就没有服务器。

虽然加密数字资产采用的是开源软件，但是任何改编后的程序，必须在全球对等网络中达成共识，反之无效。所以说，加密数字资产在金融体系中的运行，完全要依赖于P2P开源软件达成共识，而绝对不会以权威机构的意志而改变。

社会上有一些游戏币或者其他公司推出的积分币等都是有中央服务器和用户IP地址的网络货币，相关权威机构下达一个文件就可以让它消失。而加密数字资产是采用对等网络技术，聚集全球每一个用户的力量，不会因为相关权威机构的文件而轻易消失。在对等网络时代，拒绝加密数字货币，就相当于在中央服务器时代拒绝电子邮件、微博、微信和银行卡等互联网工具。

2.合法性

加密数字资产代表的就是钱，如果宣布它违法，那么也是在宣布国家发布的现金违法。对于开源对等这个金融工具，大家众说纷纭，例如，美国、德国把它视为合法货币，中国央行等五部委下达文件，不承认它的货币地位，但承认它为合法商品。很多国家权威机构以用比特币进行贩毒、洗钱等非法行为为由，进而围堵它，禁止使用它进行交易。但是，至今尚没有一个国家宣布它是非法的。

据权威机构了解，从美元到欧元，从日元到人民币，这些货币都用来进行过非法交易。如果因此宣告加密数字资产违法，那么自己发行的权威现金也是违法的。而且，国家连科技含量不高的违法毒品都无法禁止，就更无法禁止数字加密资产这一合理合法、高新科技的金融工具了。

3.防伪性

加密数字资产是建立在区块链技术上的，是完全去中心化的，没有政府、没有中间机构。在同等的网络条件下，外部相关机构及行业都无法关闭它或者对其中的信息进行篡改。所以说，在对等网络中，任何平台和个人都无法伪造加密数字资产。

4.抗通胀性

加密数字资产的总量是固定不变的，如比特币的上限是2100万，且其速度每4年递减一半。由于总数量是固定不变的，所以不会像现金那样出现通货膨胀的情况。

加密数字资产的合理、合法、防伪、抗通胀等特性，助力了金融的发展也推动了社会的进步。使用这个去中心化、开源的四无（无国界、无政府、无伪造、无通胀）货币，可以减少社会成本，增加民众利益，保障个人利益。

数字资产、加密数字资产和区块链

　　数字资产是指企业拥有或控制的、以电子数据的形式存在的、在日常生活中持有或者以备出售的或处在生产过程中的非货币性资产。网络时代的网络会计、办公自动化、电子支付系统平台等，使现有的生产方式具备了传统的生产方式无法比拟的优越性。可是在现实生活中，它们只是依托磁性介质而存在的一连串"0"和"1"的代码。它们虽是数字化商品，却体现出资产的性质，因此可以称其为数字资产。

　　数字资产由于有些有着特殊用途的应用软件是专门为某一特定工作而研

制的，因此成本都是比较高的。而且这些应用软件都必须依附于计算机硬件及系统软件的支持才能发挥作用，而不能独立存在并发挥作用。除此之外，数字资产作为资产是稀缺的，因为并不是所有的企业或个人都能创造出数字资产，但是它的供应却是无限的。

总之，"数字资产"就是以电子数据形式存在的原始金融系统，是带有资产性质的数字化商品，而"加密数字资产"与其最大的差别就在于"加密"二字上。"加密"二字则突出了它的保密性，就像一个被加了锁的箱子，别人不能随意破坏。此外，与数字资产相比，加密数字资产的不同还在于其总量是固有不变的。其次，基于去中心化的开源软件，其成本也会远远低于数字资产。

加密数字资产也正是因为其"加密"、去中心化、开源、总量不变、成本低等特性，近年来引起了全球的关注。加密数字资产是由众多节点构成的去中心化的分布式网络来记录交易信息，这其中最关键的就是区块链技术——一个未来可能给金融行业带来颠覆性改变的技术。那么，区块链技术与加密数字资产之间又存在怎样的关系呢？

区块链技术是一个在网络上去中心化的数据储存库，通过区块链技术可以维护并保证区块链上数据的安全性。比如，银行与用户之间的交易，传统的银行操作模式和银行系统，都是由大量的人力去操作对账流程，并且还要花费时间、人力来维护自己的系统。所以，如果能有一个共同的账本，那么这些问题自然就能得到解决。但是，哪个单一系统有能力维护这个账本？系统维护这个账本的成本有多高？假如这个中心系统在账本中作弊呢？这个系统如果出现故障了对全世界的影响会有多大呢？

所以，为了维护一个共同账本而创建一个中心系统是行不通的，既然无法创建中心系统，那么不妨创建一个去中心化的共享网络。这样一来，所有的银行和用户都能在这个共享网络中。目前，尚没有一个中心系统是可以维护这个账本的，而共享网络中的所有银行和用户都能够分享交易中的信息，并且把信息记录在账本上，账本则由网络中所有的参与者一起维护，这样就能防止中心系统出现故障而导致整个网络瘫痪、账本丢失。除此之外，如果有人想在账本中作弊的话，网络中的其他用户也是能够看见的，并且大家都会极力阻止其作弊，这就相当于凝聚了网络中每一个用户的力量来保证共同账本的安全与稳定。

上述问题想要得到实现的话主要还得依赖于区块链技术，而区块链技术在加密数字资产上已经有了成功的案例——比特币是区块链技术首次运用到全球网络经济中的一个案例。

加密数字资产指的是点对点的分布式加密数字资产，是基于开源的网络协议，使用区块链技术，构建全球性去中心化节点网络，没有任何的中央控制节点。它可以在瞬间用几乎零成本的方式实现全球网络点对点传输，并且能够得到所有节点的备份。此外，加密数字资产中严谨的密码学协议保障了每一位用户的资产安全。

加密数字资产其实就是基于真实的区块链技术来做保证，定位于全球统一商业升值积分，拥有开源代码。技术决定其价值，加密数字资产具有总量限定性、产权瞬间转移、运输成本低、产权明确、去中心化管理等特点，并结合商业社会的运用，让其有了不可估量的远大前景。

加密数字资产领域的创新主要得力于区块链技术的运用，可以说区块链技术是加密数字资产不可或缺的一部分，甚至可以说区块链技术是加密数字资产的灵魂。目前，国内也有很多机构，通过区块链这一颠覆性的技术建立起了加密数字资产平台，实现发行和交换资产，从金融资产到记录再到所有权，涵盖了诸多方面，这里面的客户可以是群体也可以是个人。很多加密数字资产已经开发成功并将上线投入到实际运用中，这种点对点的价值转移，将是在区块链技术应用上的一个重大突破，这个平台创造的市场也将会越来越大。

总而言之，"加密数字资产"运用严谨的密码学协议提高了"数字资产"的安全性，而区块链技术又确保了"加密数字资产"在交易过程中产生数据的稳定性，从而保证了所有数据来源的真实性和可靠性。

加密数字资产的五大应用方向

　　加密数字资产是建立在区块链技术上的一串简单的代码，但是这些简单的代码其实并不简单，它蕴藏了巨大的潜能，并足以产生无数革命性的应用。在目前的应用挖掘中，加密数字资产已经产生了五大类应用方向，分别是：流通交易、资产分配与转移、知识产权及物权证明、智能交易和智能合约、物联网技术。

1.流通交易

　　因为加密数字资产本身具备受世界认可的市场价值，因此能够进行现实世界和网络世界的各种交易。和传统的虚拟货币相比，加密数字资产具备更高的信任度和泛用性。它不受任何机构的控制，因此每一笔加密数字资产都具备真实价值。在此特性之上，加密数字资产能够实现世界化的交易，因为全网络的加密数字资产在固定时间点的市场价值是完全一致的。

不过，这种流通交易功能必须建立在买卖双方共同认可的基础之上。在比特币等加密数字资产诞生之初，其创新化的概念要想立刻获得人们的理解是一件很难的事情。但是，随着多年来不断的交易尝试，比特币交易的可靠性和安全性已经得到了验证，并且已经能够购买现实生活当中的物品。越来越多的知名企业、知名购物网站开始接受比特币支付，甚至在2013年，美国政府也承认了比特币的合法地位，这更为其流通交易职能打上了一针"强心剂"。

2.资产分配与转移

相比流通交易职能，资产属性更贴合加密数字资产的本质。由于加密数字资产价值受到市场供求的影响较强，其交易价值极不稳定，对于买卖双方来说都要承受一定的增值或贬值的风险。而作为一种资产，加密数字资产从长远来看具备稳定的保值增值功能，而且也不会出现丝毫的折旧与损耗，受短期供求影响的加密数字资产市场价格并不会影响其长远的总体价值积累。

除了稳定的资产价值外，加密数字资产在分配与转移上也具备巨大的优势。加密数字资产平台只是给你提供一个数据，你自己的资产是有属于自己的开源代码的，你可以开源转到自己的桌面电子钱包，自己保管，需要交易消费的时候再拿出来。这与其他虚拟货币是不一样的，因为加密数字资产的总量是限定的，到哪里都是有价值的，就如你口袋里的人民币一样，到山里、河里、水里它的价值都是存在的。加密数字资产就相当于你的离线钱包，而这些虚拟货币是做不到的。而且加密数字资产不受任何平台的限制，它是孤立存在的，这也是它最大的魅力。此外，加密数字资产不占据任何空间，在交易过程中也只需要买卖双方的账号地址等信息，从而减少了交易成本。与此同时，加密数字资产还可以任意分割，按双方的实际需求进行灵活交割。相比传统的资产交易，加密数字资产比较灵活，不受任何空间和平台的限制，所以说，加密数字资产在分配和转移上具有比传统的资产交易更高的便捷性。

3.知识产权及物权证明

每一份加密数字资产都是一串代码，而这串代码是全世界唯一且不可复制的，而这种唯一性则可以被用于知识产权及物权证明。

在知识产权及物权的权属转移中，难免会出现归属混乱、所属不明的状况，而在区块链的交易模式下，所有的交易数据都能够被记录下来，且形成的记录是不可被篡改的。这样一来，每一笔交易都可以被追踪和查询到，并可以对每一笔交易涉及的时间、终端等具体信息进行追溯，保证了交易的透明性，避免了网络中的用户非法使用具有知识产权保护的内容，从而明确每一次交易的合法性和具体权属。借助于区块链技术的分布式网络和交互式验证，可以对房屋、汽车等有形资产和专利、商品等无形资产都赋予唯一数字产权，从而以一种更清晰、更牢固的方式证明资产所有权。

4.智能交易和智能合约

智能交易和智能合约的概念早于1990年左右就被密码学家尼克·绍博（Nicko Szabo）先生提出，但是由于当时的技术条件限制，智能交易和智能合约并不能有效地执行。直至近20年后，区块链技术的出现，才让智能交易和智能合约真正成为可能。

简单来说，智能合约由一些if-else（条件）语句构成，以这种方式与真实世界中的资产进行交互。在区块链技术的保障下，当预先编好的智能合约条件被触发时，智能合约就会自动执行相应的条款并完成智能交易，而且这一交易可以通过区块链被全世界所认可。也就是说，这些智能合约是强制执行，不会受到国界、外界阻挠等各种因素的制约，并且会强制执行，具备绝对的安全性，同时能赋予买卖双方完全对等的权利。

5.物联网技术

互联网早已渗入人们生活中的方方面面，并逐渐从线上向线下转移，从软件向硬件转移。截至目前，物联网已经在许多领域形成了一些较为成熟的初级应用，这些应用正在为人们提供更便捷的服务。比如，如今我们的计算机、手机、游戏都联网了，甚至连汽车、住房也能够实现联网，这一线上线下对接的智能化过程，正是物联网技术追寻的方向。

而在区块链技术下，将产生一种全新的开放的网络接入方式，设备与设备之间以云分布形式的网络相连接，包括加密数字资产在内的智能物体可以直接连接到互联网中，并进一步连接到现实中的物品，此时，这种智能物品也就成为一种智能化财产。

比如，你想买一辆汽车，那么这辆汽车就是区块链网络中的一部分，通过去中心化市场和智能合约，你可以在网络中购买到你想要的汽车种类与型号。同时，只要在区块链中拥有私钥，即可掌握汽车的控制权，从而解锁汽车的各项功能。

加密数字资产的积分属性

随着互联网的飞速发展,"互联网+"已是大家耳熟能详的词语,加密数字资产的积分属性也开始在互联网行业引起了关注和热议。资产作为一种能够带来经济利益的资源,其属性是多元化的,譬如计量属性、交换属性等。而加密数字资产作为一种虚拟化资产和传统实体资产的延伸,其在具备实体资产基本属性的同时,也产生了更深层次的进化。其中,积分属性的发掘和应用,为加密数字资产的发展开拓了一条崭新的道路。

以比特币为代表的各类数字货币,将加密数字资产的概念推向了世界。

尽管如此，人们对加密数字资产还是存在异议，对此大家都是"仁者见仁，智者见智"，但加密数字资产仍然震撼了金融领域。而且长期以来，人们没有停止过对加密数字资产的应用价值的完善和挖掘。

加密数字资产作为一种有真实价值的虚拟产品，如何让大众接受，并在现实世界中加以应用，成了其普及和发展的必经之路。以比特币为代表的最初的加密数字资产，更多被赋予和发挥的是货币属性。由于其总量限定、易于分割、不被操控的特性，人们寄望于加密数字资产能取代黄金，甚至改变当前的货币系统，以作为未来世界货币体系的一个新方向。既然作为一种货币，就必须具备定价功能，即作为一种货币单位为商品标价。虽然加密数字资产具备价值，但是其价值完全受到供需关系的影响，而没有权威机构的认证和调控，因此其价格波动过于剧烈。目前，虽然比特币的价格对比其成长期时已相对平稳，但是一个每时每刻都在发生价格变动的事物显然不适合作为定价工具。目前，许多国家虽然认可了加密数字资产的存在，但基本是将其作为资产而非货币来对待的。而我国也于2013年颁布通知，声明比特币不得作为货币流通，且禁止以比特币为产品或服务定价。

虽然加密数字资产的定价功能没有发挥出预想中的效用，但是作为一种虚拟货币，其兑付功能还是得到了一定程度的应用。早在比特币萌芽阶段，就有一些比特币的狂热粉丝不遗余力地向商家解释比特币并说服他们接受比特币支付，甚至还有人只用比特币便环游了世界。在被投资者疯狂追逐的同时，比特币已经在现实中被个别商家接受。例如，北京有一家餐馆开启了比特币支付，这家位于朝阳区大悦城的餐馆称，该店从2013年11月底开始接受比特币支付餐费。消费者在用餐结束时，把一定量的比特币转到该店的账户，即可完成支付，整个过程类似于银行转账。不过这一阶段，比特币的支付功能还只是建立在消费者的说服和商家自愿接受的基础上的。后来随着比特币的进一步推广、普及和应用，整个交易系统越来越完善，也有越来越多的商业机构宣布接受比特币支付。但目前来看，由于频繁的波动性，比特币的兑付流通仍存在极大的局限性，大多数比特币持有者并没有用比特币来购买商品，而只是将其用于投资交易。

虽然在比特币之后，又推出了众多加以改进的加密数字资产，但由于货币属性的局限性，其应用范围始终有限。而随着对加密数字资产积分属性的挖掘，成功开拓了一条全新的应用之路。

积分属性下的加密数字资产作为一种商业积分，由商家作为传统积分的替代品赠送给消费者。积分属性下的加密数字资产不直接用于实物交易，它们的每一次转移全部伴随着一笔商业交易，消费者在发放积分的商家进行消费，就能获取相应的积分，虽然消费者也可以从其他的积分持有者手中直接购入积分，但究其本源，还是来自于商家的回馈。目前我国已经有一些机构，开始在区块链的技术上建立加密数字资产平台，并决定采用多种加密数字资产（如比特币、莱特币、瑞波币等）作为积分赠送方式，消费者可以选择各种加密数字资产来获得自己所需求的赠送积分。此外，我国也在准备进行产业链整合、调整产权结构，进一步稳定地聚焦实体经济，推进消费送积分这一商业模式的进一步创新和发展。

随着商业交易的扩张，应用于商业积分的加密数字资产，其价值也同样在增加。消费者在发放积分的商家消费越多，整个市场对积分的需求量也会随之越高，而在总量限定的前提条件下，商家就会加速进行积分的回购和分割，从而促进了单位加密数字资产的价值增长。于是，一个与商业应用紧密关联的价值链条就形成了。对于商家来说，加密数字资产是一种全新的营销工具，它不仅是作为一种新事物让消费者产生好奇，而且对比传统的促销优惠方式而言，加密数字资产显然更加便捷，对消费者的吸引力也更大。而对于消费者来说，从商家获得的加密数字资产，是一种保值增值的虚拟资产，是一种可变的"优惠券"，随着时间的推移，消费者能享有的打折优惠也会越来越多。

相对于在货币属性上的应用，在积分属性上的应用更凸显了加密数字资产作为资产的本质。其实在本质上，加密数字资产更接近于黄金，而非我们日常生活中使用的现金纸币。而在现实生活中，我们几乎是不会拿黄金直接交易的，所以说比特币在货币流通的应用上注定存在局限性。而加密数字资产作为积分加以应用，则最大限度地发挥了其优势，更加适合当前的商业环境和金融体系。

加密数字资产下的积分属性，集合了实体经济与虚拟经济，并充分融合了实体经济的稳定性、可持续性与虚拟经济的前瞻性、高增长性的优势，能够将个人消费行为转变为投资行为，让商家的利润回馈模式成为一种可延续的市场竞争力，并进一步促进了社会经济的良性发展。

加密数字资产为什么会升值？

　　加密数字资产是基于"区块链"技术运用计算机程序编辑的数字代码，只存在于网络之中，在程序开发之初就通过一系列复杂的程序控制了总量。总量是限定的且任何人都无法擅自更改，这是它升值的原因之一。另外，它仅存在于网络，携带方便，只要有网络的地方就可以使用，相较于传统资产来说比较便捷。随着互联网产业的发展，它的便捷性得到越来越多人的认可，使用的人多了，其价值自然也会随之而上升。

　　此外，资产的保值增值，必须是建立在总量限定的基础上。我们日常生活中使用的纸币，因为其仅仅是一种货币符号，政府可以根据实际的经济政策需求增发或缩减纸币总量，所以其没有保值增值的特性。而黄金作为一种贵金属货币，却能够实现保值增值，因为其在全世界的储量是恒定的。

恒定的资产能够锁定价值，但在实际的经济运作中未必是最好的选择。黄金因存在分割、损耗等一系列问题，携带很不方便。所以在现实生活中，我们不可能拿黄金直接交易。而放眼于当前整个社会经济系统，也不可能再采用贵金属货币作为市场流通货币。政府可以通过在一定程度上调节市场纸币流通总量来刺激或引导金融市场，从而达到提振经济发展的作用。而使用贵金属货币，政府就失去了对经济的调控能力，这不符合当今世界的经济发展规律和模式。尽管纸币已经成为世界经济体系中最为基础、最为重要的一环，但是它永远不是财富载体，因而不具备真实价值。

近年来，互联网的迅猛发展给金融市场带来了很大的冲击。而互联网的这种巨大能量，主要是由其强大的复制能力和传播能力赋予的。这两大能力使互联网能以超低的成本达到超高的效率，因此对许多传统事物造成了强烈的冲击。比如广告行业，在传统广告模式中，无论是宣传单还是电视广告，都需要投入巨大的资金，而且随着宣传单数量的增加或电视广告播放时间的延长，成本几乎也会成正比地增长。但在互联网广告模式下，广告的制作与投放几乎是零成本的，而且同一则广告，无论复制多少、投放多长时间，成本也基本不会有大的变化。然而，尽管互联网的功能很强大，但却不具备财富载体的功能。由于能够被近乎无成本地无限复制，互联网中许多事物的真实价值已经开始趋于零。但是，随着加密数字资产的出现，互联网开始真正拥有了属于自己的财富载体。

每一种加密数字资产的发展过程，都是从零开始不断增加积累的过程，但是永远不可能超过数量上限，其总量是自设计之初时就已经确定下来的。加密数字资产就像是一道固定解答的数学题，答案有许多个，可以被不断计算出来，但答案的总数却是有限的。

以比特币为例，比特币在设计之初，便已规定了2100万这一总量，比特币总量会不断积累，但永远不会超过2100万。

比特币的"挖矿"机制，实际上是运用计算机解决一项复杂的数学问题，当"矿工"成功得出一个合格答案后，便会得到一笔比特币作为奖励。在2009年比特币刚诞生时，每一笔赏金是50个比特币，即比特币的总量以50为单位不断增长。当比特币的总量达到1050万时（上限2100万的50%），每笔赏金减半为25个。而当新增比特币数量达到剩余总量的一半时（总量1575万），每笔赏金再次减半为12.5个，以此类推。

在这一增长系统下，比特币的生成速度会不断减缓，最终不断地趋于2100万的总量上限。不同加密数字资产的设计总量不同，但增长模式都是同样的，它们都是一条无限趋近的增长曲线，以不断减半的增长速度趋于其对应的上限，其总量是永久恒定的。

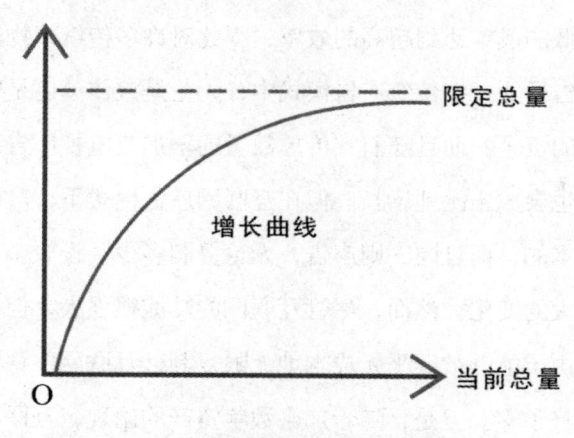

加密数字资产总量限定模型图

有人会因为加密数字资产的增长速度减半，而开始担心其价值累计速度会不会也因此不断放缓，这种担忧是完全没有必要的。加密数字资产的数量，只是一串串代码，只要投入的算力不减少，其价值增长速度是不会变的，而且还会带动整个加密数字资产的增值。

比如，在两个不同的时段中投入相同的算力，前一时段获得了100块加密数字资产，后一时段仅能获得50块加密数字资产，但由于付出的算力、时间等都是相同的，因此在两个时段中，100块和50块加密数字资产分别对应的真实价值都是相同的。只不过，随着后一时段加密数字资产的生成，前一时段中的加密数字资产的单位价值随之提高，因此当前的价值总量也随之增加了。

加密数字资产作为一种虚拟资产，并不存在流通、分割不便的问题，因此虽然它的总量是限定的，但是并不会影响其在实际生活中的应用，更不会影响对价值的锁定。反而因其"限定性"，才能成为财富载体，才能去承载相应的价值。

加密数字资产相较于传统资产来说，除了其"限定性"，在交易过程中也更加便捷，不受任何时间、空间限制，打破了传统资产的局限。在互联网时代，旧的金融体制的局限反而会给新的"金融工具"带来了创新的机遇，"新工具"的应用价值也会随之急剧增长，这是科学发展和社会进步的必然结果。

如何甄别真正的加密数字资产？

加密数字资产不是网站也不是软件，本身仅仅是一串串代码，这些代码所指的也不是固定资产，而是存在于加密数字资产网络中的一笔笔交易记录，本质上是一组在互联网下产生的总量有限而具有价值承载力的数据。而在网络快速发展的如今，越来越多的不法分子会利用互联网来进行诈骗，那么如何才能甄别真正的加密数字资产也成了我们需要考虑的问题。

1.特定算法下代码的唯一性

不同类型的加密数字资产，是在特定算法下的一串串代码。而当一串串代码在网络中生成后,永远不可能以相同的算法获得同种代码,因此每一个单位的加密数字资产在全世界都是唯一且不可被复制的。而且,每一串代码既是加密数字资产本身,也是其"身份证"。

在现实生活中,总有不法分子用伪造的货币为自己牟利。虽然这些伪造货币逃不过验钞机的验证,但是用肉眼观察还是很难分辨出来,一不留神就会中了不法分子的圈套,让人防不胜防。

而在加密数字资产领域,就不需要担心"伪造货币"的出现。加密数字资产有属于自己的唯一代码,是以大量的计算为支撑的,这也是获取它唯一的途径。加密数字资产的"唯一性"伴随着加密数字资产的诞生、转移、交易的全过程,所有同类的加密数字资产在本质相同、运作机制相同的前提下,又都是独一无二的,分别拥有属于自己的流通轨迹。这一特性,是建立在加密数字资产的天然属性之上的,也让加密数字资产的应用功能更加多样、更加全面。

2. 51%规则

加密数字资产的真实性是"底线",每个加密数字资产都有属于自己的公开源代码。假如别人用加密数字资产跟你进行交易,那么你可以让对方出示源代码,这个是无须保密的,因为加密数字资产是建立在点对点网络协议的基础上,51%以上权重的用户不同意,拷贝篡改也无法生效。

任何一种加密数字资产,都要遵循着一套确定的、透明的、公开的互联网协议和规则,个人无法随意修改和控制。因为在全网交叉验证的系统下,个人随意制定的规则无法得到足够用户的认可,这一规则也就无法生效。

加密数字资产的规则,必须有资产权重达51%以上的用户应用才能生效,这就是加密数字资产的51%规则。51%规则的存在,使加密数字资产的规则实现了稳定。如果网络规则可以被人随意地修改和掌控,那么这个网络就无法建立与用户之间的信任,整个网络也不可能得到认可和应用,加密数字资产的真实价值也将被影响，最终成为价值泡沫。

3.去中心化的生态系统

无论是实体资产还是虚拟资产，在金融市场的运作中都有一套可行的系统，这一系统界定了资产的生产、转移、交易等一系列具体规则，引导资产运作的进行。加密数字资产就具备一套自己的生态系统，保障整个加密数字资产能在既定的规则下进行活动，不需要外界的监管与约束。

传统的虚拟资产的系统是中心化的，但是，在中心化的系统下会存在诸多弊端。首先，所谓的中心化系统，就意味着虚拟资产的发明者或者运营商拥有一定或绝对的主导权，他们可以按照自己的意愿对虚拟资产进行干预或调控，整个虚拟网络系统就无法获得普遍性的信任；其次，中心化系统中，所有加密数字资产都是由核心服务器所掌控的，加密数字资产的生成、转移、交易都要通过核心服务器来进行，因此服务器崩溃、遭受攻击导致资产损失的风险就会加大；最后，中心化系统由于运算能力所限，当网络过于庞大时，就很难正确处理每一笔交易，保证其安全性、稳定性和真实性。

加密数字资产的生态系统是去中心化的。所有的参与者都遵照同样的互联网协议，相互之间是完全平等的。无论是加密数字资产的发明者还是大型运营机构，都无权也无能力操控既定的协议，无法改变加密数字资产的生态系统。加密数字的去中心化发行是指无中介机构、无个人的发行，是完全依赖于一种复杂的数学算法产生的。其产生的程序必须是开源的，总量被协议固定，一旦运行就无法更改。

加密数字资产的网络，实际上就是一个去中心化的全球"账簿"，所有的交易都通过这一全球"账簿"进行记录并保存。所有用户的终端共同构成了一个大型服务器，这不仅提高了服务器运作的效率和稳定性，也将风险进行了分割。中心化的"记账"方式中，"账簿"由一个人或一个机构所把控，这就很难避免其中有用户因一己之私而随意篡改"账簿"的行为。而在去中心化的"记账"方式中,每一个参与者都拥有一本"账簿",共同账本上的所有信息都是公开且共享的,而且这些"账簿"都是实时同步显示资产变动和转移,因此篡改"账簿"的行为几乎不可能出现。一旦出现异常情况,通过所有"账簿"持有者的交叉验证,很快就会发现违反协议的篡改行为并将其否决。

加密数字资产与共享经济模式

　　加密数字资产在大家还没有意识到的情况下已经实现了全球化，并且即将引起一场风暴。此外，加密数字资产正在重新制定全球商业世界的规则，时代的发展在引领科技的创新，这些创新会给我们现有的经济形态，或者是商业形态带来颠覆性的改变。在社会不断的发展之中，伴随着数字时代和信息时代的到来，加密数字资产必然会成为一个新兴产业。

　　在移动互联网席卷全球的今天，想要适应时代的发展，就必须有一些新的观点、新的方法、新的渠道、新的模式，对传统的模式进行创新，填平经营者和消费者直接的财富分化，从而实现多方共赢。

那么如何实现全球共赢的商业模式？加密数字资产就解决了这样一个问题。通过加密数字资产全球通用商业积分解放消费者，让消费者成就企业的同时成为企业的主人，共享企业利润，实现共赢！

在传统商业模式下，商家与消费者只存在买卖关系，"一手交钱，一手交货"，除了一些简单的售后问题，交易达成后双方几乎是两不相干的，更多的交流往往只存在于商家与一些大客户、老客户之间。而在积分商业模式下，商家在从消费者身上赚取利润的同时，会提取出一部分利润，以加密数字资产积分的形式返还给消费者。消费者则可以通过保留积分，待积分升值后接受商家的回购，从中获取收益。这样一来，围绕加密数字资产积分这一统一的价值元素，商家与消费者、商家与商家之间开始了更加多样化、深层次化的沟通交流。通过互动，商家能更精准地把握消费者的需求，向消费者提供更令他们感到满意的产品与服务。通过分享，商家的部分让利能带来总利润的增长，同时也使整个加密数字资产的价值不断增长，每一个参与者都将成为获益者。这样的一种新型的商业运作模式极大地丰富了商家与消费者之间的经济和财富往来，商家与消费者之间不再只是一次性的交易关系，而是会在频繁的互动与分享中获取更大的共同利益。

加密数字资产的这种共赢经济模式不仅可以给消费者和企业双方带来利益，还可以作为一些中国民营企业先头部队的补给站和大后方，通过企业股票的增发回流，推动市场。除此之外，加上免费消费模式，会产生更多的消费额和真实的利润回流，形成正向循环，形成民营上市企业抱团取暖的局面。

当今的社会是消费为王的时代，用消费购买力撬动最顶端的上市企业弯腰与消费大众合作的现实。未来的世界是公平的，且财富分配也更平面化。未来企业是否成功，并不单单是看从政府拿了多少投资项目，因为这些项目往往只能在前期投资阶段让少数人赚钱，而不能让更多的消费者赚钱。未来企业是否成功，主要是看能为消费者创造和分配多少财富、怎样才能在企业和消费者之间创造良好的共赢模式。

在传统的财富分配制度下，老板没有一个好的方法来与员工分享利益，商家也是如此，没有一个好的方法与消费者分享利益，因此会导致财富不断集中，无法合理分配。作为盈利方的老板和商家会越来越富有，而员工和消费者也越来越贫乏，消费能力也随之减弱。而想要改变这种状况，就必须对之前传统的分配制度进行革新，建立新的财富分配制度。加密数字资产的应用，就可以解决传统分配制度存在的弊端，建立新的制度。在新的机制下，财富将不再全部流向老板和商家，而是能合理合法地抽取一部分，分配给员工和消费者，从而带动社会的总需求。这不但不会影响到企业的利润和发展速度，还有利于社会整体经济生态的优化，使社会未来经济能以更稳健、更持久的方式发展。

加密数字资产积分的成功应用，也表明了这种新的财富分配机制是可行的、有效的。随着积分商业模式的不断成熟和扩展，在互动与分享的互联网精神下，加密数字资产的积分商业模式使原本波涛汹涌的商业社会将会逐渐趋于风平浪静。最终，一个让所有参与者都能够实现共赢经济模式的"加密数字资产"将会在互联网时代迎来最广阔的前景。

区块链推动加密数字资产扩展应用

　　资产作为一个重要的经济学概念，对于个人和企业都有着十分重要的意义。资产是一种财富载体，是一种具备商业或交换价值，同时能够带来预期经济利益的资源。在传统的经济活动中，资产多指各类有形资产和无形资产。有形资产通常具备实物形态，常见的有形资产包括：厂房、机械设备、土地、产品库存等。无形资产通常没有物质实体，常见的无形资产包括：货币资金、金融资产、专利权、商标权等。有形资产和无形资产的形态不同，但它们都能够带来一定的经济效益，也都遵循着固定的法律法规和交易规则等。但在互联网时代下，无论是有形资产还是无形资产，其在交易过程中都会存在诸多弊端。

随着互联网时代的到来和金融科技的不断进步，区块链技术的应用领域也越来越广，目前也已经被运用到资产领域，尤其是在加密数字资产领域。

区块链是构成加密数字资产的基础性技术之一，其真正被广泛关注还要从比特币的出现作为起点。但是建立在区块链技术上的比特币并非普通的虚拟货币，而是一种基于密码学原理设计的加密数字资产。通过区块链技术，比特币呈现了去中心化的网络状态，实现了总量限定、交叉验证等一系列特性。而且这些特性能够使比特币像黄金等贵金属一样，用于价值的储存。

以区块链技术为支撑的比特币，运行的是一种对等式系统。从本质上来说，区块链在比特币中相当于一个巨大的总账系统，其所指代的比特币不仅没有实物，甚至连数字文件都没有，而是完全依赖于区块链的总账。个人所持有的比特币，也仅是拥有区块链上的数字信息的所有权。

与传统数字资产相比，加密数字资产使交易变得更加便捷，且并不受任何时间、空间的约束。随着互联网技术的进一步拓展，加密数字资产也在经济生活中得到了越来越多的重视，很多企业把这种交易模式投入到实际性的操作中，并且取得了成功。加密数字资产这一全新的互联网资产形态之所以会取得巨大的成就，不仅是依靠互联网迅速发展的推动作用，更主要是得力于加密学和区块链技术带来的突破性成果，也就是说，区块链技术推动了加密数字资产的扩展应用。

区块链技术能够从根本上保证加密数字资产的真实性和可靠性，解决加密数字资产交易中存在的安全和信任、一致性的问题，从而可以杜绝不法分子恶意篡改加密数字资产交易中的信息。

对于安全和信任问题主要体现在两个方面：一是有节点试图更改之前某个区块上的交易信息；二是有节点试图控制新区块的生成。解决这两个问题的关键就在于解数学题背后所代表的巨大计算能力的保证。

对于一致性问题，其实在上面的区块链构建过程的最后已经有所说明，网络中的所有节点都会通过解数学题争取得到创建当前区块的权利，当一个节点解题成功后，就会把题的答案和构建的区块通过数字加密资产网络发送给其他节点，其他节点只要验证通过了这个答案，就会立刻停止自己创建当前区块的权利，把传过来的区块加到本地区块链中，然后根据这个区块的区块头的哈希值填充下一个区块的区块头中的信息，立刻开始下一个区块的构建。这样，网络中就完成了一个区块链中新区块的构建过程。

互联网的快速发展，拓宽了区块链的应用渠道，而区块链这一技术也推动了加密数字资产的应用。现代互联网的基础是TCP/IP技术，基于这项技术，网络上所有节点都可以公平自由地跟其他任意节点通信，但是这个技术只能解决去中心化的通信问题，没有解决去中心化的信用问题。区块链技术的出现让我们看到了解决这个问题的希望，也给加密数字资产在实际应用中遇到的信任问题带来了完美的解决方案。此外，区块链技术在数字加密资产上的大规模应用也让我们看到了其技术上的可行性，也给未来加密数字资产的扩展应用带来了更加广阔的前景。

"区块链+加密数字资产"的应用案例

加密数字资产最为突出的资产属性,决定了其在金融领域、经济领域、商业领域势必会得到最广泛、最深入的应用。但是加密数字资产的潜能远不止于此,作为一种颠覆式的创新,加密数字资产有着向更多领域发展和扩展应用的能力。

加密数字资产首先是资产,它和传统的有形资产(房子、车、土地)和无形资产(信息、技术、专利)一样,能够用于多种形式的资产注册、存货清单、交易介质等,甚至影响到国家和地区的财务、经济和货币交易系统。

但是加密数字资产的理念远不止于此，它是一种全新的资产组织范例和运作系统，能够对资产进行有效评估，承载和转移任何事物的价值量，并能够从更大规模上协调整个商业社会的所有经济活动。

加密数字资产是依赖于互联网并建立在区块链技术上的，随着互联网和区块链技术在金融领域的迅速发展，也推动了加密数字资产的扩展和应用，越来越多的国家和企业已经开始将"区块链+加密数字资产"投入到实际的商业模式中，其运用也得到了显著的成果。

案例一：世界之钻WDD通用积分

世界之钻（WDD-The World Diamond）是基于最先进的区块链技术生成出来的总量有限的加密数字资产股票积分，全球总量限定为1000万块。

世界之钻的这种积分定位的商业模式是一种开创性的"共赢"商业模式。在这种商业模式中，没有输家，只有赢家。没有互相之间激烈的竞争与对抗，有的是相互之间的扶持和帮助。商家通过通用积分形成商圈，消费者通过通用积分形成消费联盟，两者之间通过积分流转来增大内需，从而也增强了消费者的购买能力。

案例二：未来商城

未来商城是与香港主板上市金融公司合作的全球首家以加密数字资产为媒介的综合性网上购物商城，是最受消费者欢迎和最具有影响力的电子商务平台之一，也是首个使用区块链技术进军香港主板交易市场的电子商业平台。

未来商城也被称为未来世界生活时尚馆（Future World LifeStyle），主要是定位于提供世界各地知名的时尚品牌，通过和香港金融上市公司的合作关系，整合了世界知名品牌的入驻，包括美国品牌、台湾品牌、瑞士品牌、韩国品牌、德国品牌和马来西亚品牌等上千商家已经陆续入驻商城。商城里的产品种类繁多，能够最大限度满足顾客的需求，基本上可以概括为：个人护理、医药保健、居家生活、家用电器、珠宝饰品、3C数码、文艺品、房地产等。

为了确保未来商城的品质，未来商城拥有专业的团队严谨审核入驻的商家，并且制定了一套严格的审核标准，包括商家的声誉、财务背景、商品的品质等。只有通过一系列严谨的审核程序的商家才能入驻商城，以此来提高未来商城的商品和服务素质。

在商城的电子平台上，凡持有商品卡的会员，都可以在未来商城里向代理商家与加盟商家进行兑换商品与服务。未来商城的定位是以各种加密数字资产为媒介来推广全球各地知名品牌，为全球新一代的网民提供了更加便捷的服务和更加全面优质的品牌商品。除此之外，还会陆续开放采购窗口给全球优质加密数字资产，通过共赢经济模式，将世界各国知名品牌的产品推广给全球。

案例三：某直销企业

某直销企业通过跨界合作，打造在各个行业里都有绝对优势，同时又可实现消费免费的事业平台。该平台的运作核心就是借助区块链技术以及加密数字资产的核心理念打造一个共享、共赢的平台。

该直销企业通过运用区块链技术创造了行业里独具革命性意义的"1234成功系统"。"1234成功系统"分为买一推二免费消费模式，进三招四创业回本模式。例如，会员A申购任何套餐，只需要分享给两个朋友，而他的两个朋友也消费了该套餐，他就可以实现消费免费。会员A对于自己喜欢的产品都可以重复进行类似的申购与分享，从而让自己所有消费都实现免费。

此外，企业在经营会员的时候所面临的最大难题是80%的事业伙伴为消极的静态会员，只有20%的事业伙伴是积极的动态会员。该直销企业通过"1234成功系统"让原本消极静态的80%会员也积极地动起来。这是因为每个会员都可以通过"1234成功系统"实现创业回本或消费免费。如此一来，整个团队将充满活力，创造源源不断的业绩。

"1234成功系统"核心在于，该直销企业拥有总量限定的企业优惠积分。所谓"企业优惠积分"是总量限定的共享资产，是共享经济时代最创新的消费资产，是企业回馈消费者的消费行为赠送的资产。消费者通过消费分享参与该直销企业的消费者回馈计划，可以选择储值币回馈或企业优惠积分获得回馈。如果消费者选择储值币回馈，他将可以立刻获得20%储值币回馈，相当于低于市场价20%享受公司的产品。如果消费者选择企业优惠积分回馈，他将可以获得20%的企业优惠积分。不管消费者选择储值币回馈或企业优惠积分回馈，该直销企业始终都会将营业额的10%进行企业优惠积分的回购同时进行永久性封存。

用10%营业额来回购及封存企业优惠积分是什么样的概念呢？举个例子：在明朝成化年间，由官窑烧制皇家御用饰有母鸡图案的盛酒杯称为明成化斗彩鸡缸杯，在历史的岁月里因为战乱、遗失、迁土、损坏等缘故，经历五百多年以后，据传全世界只剩下八个，其中一个于2014年在香港以2.82亿港币拍卖出去。企业优惠积分也是同样的原理，只是企业优惠积分是通过营业额的10%来进行回购封存，用业绩及规律来代替时间与战争，从而让企业优惠积分越来越稀缺，因此越来越珍贵。每一次企业优惠积分的转手，其中的2/3是用来赠送给新会员，另外的1/3将进行永久性封存，因此企业优惠积分每转手一次，市场总量都快速减少。

此外，成为该直销企业的会员，还将获得批发商城的VIP批发商资格。批发商城是该直销企业的核心产业，目的是打造一个新零售模式，通过线上购物、线下体验、高效物流三把利剑将物超所值的日常用品，以批发价格分享给市场。成为批发商城的VIP批发商除了拥有几万款产品的批发代理权，还可以让自己的日常采购更加实惠，该直销企业这个共享事业平台与批发商城这个共享批发平台的跨越整合将发挥出"1+1＞2"的行业格局。

在该直销企业申购任何金额的套餐，将获送批发商城等值批发积分。批发积分等于VIP批发商可以赚取的利润。例如，一个产品的市场价是1050元，商城价是1000元，VIP批发价是600元。这时候，VIP批发商用600元加400个批发积分就可以享有该产品。VIP批发商将产品以1000元售出，他等于赚取了400元的零售利润。当然，VIP批发商也可以将自己的批发积分与其他人分享，让对方成为自己的下游零售商。这时候同一款产品作为零售商只能使用一半的批发积分200个，再加上零售商价800元享有该产品，而该零售商的上游VIP批发商其账户里的200个批发积分将自动转换成200元的批发利润。当VIP批发商手上的批发积分使用完毕的时候，他也可以将该直销公司按照当时的挂单价转入批发商城当批发积分使用。所有转入批发商城的企业优惠积分将进行永久性封存，让总量更加稀缺。批发积分除了可以为VIP批发商们赚取利润，同时也可以快速发展零售商累积宝贵的人脉资源。

第八章 区块链+供应链

　　通用电气集团 CEO 杰克·韦尔奇曾经说过:"如果你在供应链上不具备竞争优势,就干脆不要竞争。"欧洲著名商学院克兰菲尔德管理学院教授、管理学者马丁·克里斯托弗更进一步强调了供应链的重要性,他说:"市场上只有供应链而没有企业。21 世纪的竞争不是企业与企业之间的竞争,而是供应链与供应链之间的竞争。"所以说,供应链的优势决定了企业的竞争能力。但是,自 20 世纪 90 年代开始,供应链上的成员企业才开始认识到供应链管理对企业发展的重要性。目前,我国在供应链领域还存在诸多问题,但是随着区块链这一技术的到来,给传统供应链上存在的问题带来了完美的解决方案。本章主要从传统供应链的现状及痛点导入,分析供应链的重要性,然后分析区块链技术的应用给传统供应链带来的改变,最后讲述具体的应用场景和案例。

传统供应链的现状及痛点

传统供应链的含义是围绕核心企业，通过信息流、物流和资金流，将供应商、制造商、分销商和零售商直至最终用户连接成为一个具有整体功能的网链式结构模式。马丁·克里斯托弗说过："当今企业的竞争，不仅是企业和企业之间的竞争，而且是供应链与供应链之间的竞争。"因此，各大企业更应该注重供应链的管理。但是，目前在国内只有极少数的企业建立了真正意义上的供应链，因此发展更加完善的企业供应链，提高我国企业的国际竞争力，成为我国企业面临的当务之急。

目前，我国企业制造商与供应商（客户）之间虽然能够建立合作关系，但是因为供应链支撑技术应用基础薄弱，很难达到供应链管理整体链条增值的目标。

中国民族大学管理学院程仁保、崔强在《我国企业供应链管理发展现状浅析》论文中提到："有关供应链管理研究的机构抽样调查了国内500家企业，其中有60%的企业基本上与其相关企业建立了供应链关系，并且有70%的企业对供应商的供货情况表示满意。调查结果还表明，有50%的制造型企业其供应链能够稳定3年以上，只有10%的企业其供应链只能保持1年以内的合作关系，其他均保持在1~3年。在零售业企业中，有45%的企业与其供应商保持1~2年的合作关系，其余只能保持1年以内的合作关系。此外，调查还发现，大约有70%的制造型企业不愿意邀请客户参与新产品的研发工作，而只是独自闭门造车。"

我国绝大多数企业在制造业中都还只属于简单的贸易关系，而不是供应链管理下的制造商与供应商之间的关系。在供应商管理方面，公司供应链管理部门的员工比较少，对供应商合同的管理比较严，选择供应商的标准趋于综合评价；在客户管理方面，企业对客户的关系尤为重视，但是服务水平仍有不足，很难满足用户的需求。另外，外贸规模扩大，但是与国外客户之间的信息沟通存在很大的问题；在物流外包装业务方面，物流外包装量急剧增长，这也表明物流在供应链中起着越来越重要的作用。但是企业与物流服务供应商的关系多为短期合作，没有建立真正意义上的合作关系。

目前，我国供应链所处的现状就是反应能力良莠不齐，整体水平较低，供应链衔接不畅通，物流停滞时间过长，付款周期和订货周期较长。这种现状导致了整个交易周期变长，也加大了交易成本。目前，就我国传统供应链的现状来看，它存在很多弊端，那么在企业未来的发展中，传统供应链存在哪些痛点呢？

1.企业与企业之间的信任度低，合作力度小

因为供应链的参与成员都是有着不同经济利益的实体，所以相互之间会存在利益冲突。而这种冲突往往会导致供应链的成员之间产生抵抗行为，无法得到彼此的信任，从而导致供应链的参与成员无法有效整合和协调供应链中的各项交易活动。

国内一些大型的零售企业内部仍然是作坊式的销售模式，各个部门都是单独进货，而且是各自的进货渠道都不同。这种销售模式不仅增加了自己的进货成本，也使得整个企业在市场竞争中失去了应变能力。又如，连锁经营是把独立的经营活动组合成整体的规模经营，从而实现规模效益，是国际零售业行之有效的一种经营模式。目前，我国有许多企业效仿这种国际经营模式建立起连锁公司，但是都出现了半路夭折的现象。主要原因在于，这些企业只是效仿了外表，名为连锁商店，但实际销售模式中却做不到连锁，都是各自为政，没有发挥出连锁经营模式的长处。

2.供应链整合的技术问题

供应链系统的地域和时间跨度大，对信息依赖程度高。供应链系统连接多个生产企业、运输业、配销业及用户，随着用户需求和供应的变化而变化。因此，系统管理必须具有足够的灵活性与可变性，能发挥其最大经济效益。供应链整合不仅需要技术、处理程序及组织结构变化的正确结合，还需要高水平的完整信息在这个供应链上流动。当管理人员依据市场潮流和信号做出预测并调整生产线，相关命令会在供应链中传递。也就是说，合作的计划和执行需要共享技术、规则和人员。因此，每个环节都能够做出同样的预测和调整，这就在不知不觉中扩大了市场需求。

3.外包的整体水平较低

中国很多传统的纵向一体化的公司，即制造、装配、销售的一体化，其主要目的是控制生产和交易过程中产生的成本。但随着金融科技的快速发展，企业之间竞争的加剧，使得传统的模式已经行不通了。因为企业必须在每个环节中都做到最强，才有可能取得整体的竞争优势。因此，外包在某种程度上增强了企业的竞争力。但是目前我国很多企业都还停留在传统的管理思维中，使得外包的总体水平低下，市场竞争力较弱。

4.供求信息不准确

传统的供应链在交易过程中，由于客户提供不准确的信息，会造成大量单方毁约，因此供应链会传递出错误的信息，导致制造商难以按正确的订单组织生产，只能按预测组织生产和增加库存，无形中增加了交易成本，企业的竞争力也受到削弱。

供应链竞争力决定电商竞争力

随着电商的迅猛发展，未来企业在商场中的竞争将不再是企业与企业之间的竞争，而是以核心企业为中心的供应链之间的竞争。因此对于电商企业来说，供应链将成为企业的核心竞争力，所以说，供应链竞争力从某种程度上来说也决定了电商竞争力。

国美总裁王俊洲在"2015中国电子商务创新发展峰会"上做了演讲，指出零售企业把握"互联网+"新机遇的关键在于供应链支撑。

在演讲过程中，王俊洲首先分析了国美在互联网时代到来时曾经面临的困境，同时分享了国美围绕主导价值运营模式进行的一系列变革，包括采购模式变革、实现全网比价满足消费者价格需求、提升物流、打造售后极致购物体验等，详细解读了国美利用大数据实现精准客户分类和有效客户销售，以及"互联网+"风口下国美基于供应链价值平台大力发展微店、联营等计划，搭建线上线下全零售模式，使消费者能够在全购物场景之间自由穿行。

王俊洲说："随着'互联网+'时代的到来，线上线下互融互通大势所趋。互联网开始打通整个世界，在这个过程中，消费者关心的不是商品在哪个网店买的或实体店买的，消费者更在意谁给他的东西又好又便宜。然而能够做到商品持续又好又便宜，并不取决于胆量，关键在于企业供应链能否支撑。"

国美在发展前端界面平台的基础上，快速回到了后端供应链平台，通过整合供应链、物流以及调整售后维修系统来提升企业核心竞争力，而不再是一味强调用简单的销售模式，通过店面的覆盖来提升客户覆盖率。

2009年，国美改变了与供应商的合作模式，完全转为直营方式，之前部分由供应商主导的价格，也逐步转变为由国美全面主导价格的运营模式。从过去几年的经营情况来看，国美强化了供应链对企业整体竞争力的提升，在财务指标上得到了很明显的体现。

国美取得这样成绩的关键原因在于加强了对供应链的重视，通过提升供应链的价值，让客户无论是在门店还是在国美在线都能够通过开放式的平台与其他所有平台商品的价格进行比较。同时国美门店还开通了免费无线Wi-Fi网络服务，可以帮助客户能够与其他电商、实体店进行价格比较，满足客户对商品的低价需求。在信息高度透明、完全开放的供应链下，顾客可以自主选择商品，并且能够及时比较出商品的价格，不需要再拿回家比较，帮客户节约了很多时间。这种销售模式不仅能够促进销售，并且能够提升购物体验，从而加强了企业在电商中的竞争力。

随着电商的迅速发展，企业与企业之间的竞争也越发激烈。供应链作为电商企业的核心竞争力，也备受各大企业的关注，很多电商企业为了加强自身的竞争力，已经开始对传统供应链系统进行整合，从而提升供应链的价值。

据腾讯科技讯：一号店CEO于刚在第四届电商年会上表示，供应链管理是电子商务的核心竞争力。于刚随后表示，供应链管理直接关系到顾客的体验，关系到电商能把成本降到足够低，从而改进商务模式。

从国美到一号店，不难看出，这两家企业之所以在近两年的企业竞争越来越激烈的市场环境下发展迅速，主要得力于供应链竞争力。总而言之，供应链解决了传统电商企业销售模式中存在的弊端，也正在取代纵向一体化，成为国际上产业组织的主流模式。就目前供应链发展看，未来供应链的发展趋势将要求供应链相关企业以市场为导向，以客户为中心，进行紧密分工合作，企业之间可以进行优势互补，共担风险，共享利益。目前，我国的供应链市场和行业也处于迅速发展时期，供应链服务企业依托自身的优势，利用不断发展的网络技术和信息，通过各种商业模式和自身的不断创新，在优化供应链组合、运作方式和利益分配的同时，能够更好地帮助客户增加盈利和抗风险能力，并形成自身独特的竞争优势。那么供应链自身独特的竞争力是如何决定电商竞争力的呢？

首先，降低了企业的经营成本，提高了企业的服务质量。供应链管理系统能够随时掌握企业所需要的物流信息，使企业能够建立有效的物流组织，最大限度地降低了集运成本，同时也合理安排了目的地分散流程，为客户提供了更高质量的服务。

其次，实现了信息化管理。供应链管理系统可以满足不同用户的不同需求，最大限度地降低库存。客户也可以根据需求量来制定订单，然后再按照需求量来进行生产，改进了传统供应链的模式，使得供应链上的全部环节都能够增值。

最后，提高了准时交货率，缩短了订单处理周期。供应链系统上各个用户之间的信息是共享的，能够把订单消息及时传递给产品供应商，省去了大量的中间环节，节约了用户的大量时间。也因为供应链信息的及时性，使得交货更准时，周期也更短。

供应链不仅解决了电商企业在传统销售中存在的问题，也提高了电商企业业务经营绩效，为企业带来了可观的效益。随着供应链的优化，电商企业对市场的灵敏度得到了显著的提升，企业内部的物流渠道、物流功能、物流环节与制造环节也得以集成，使得电商的经营模式更加规范化，目标关系更加明确，企业适应市场竞争环境的能力得到显著提高。

区块链让供应链更透明

供应链是代表商品生产和消费所涉及的所有环节，包括原材料的采购，中间产品的制成以及最终产品再流通到消费者的整个过程。目前，一条完整的供应链可以覆盖数百个阶段，跨越数十个地理区域，这一系列复杂的中间过程导致很难去对时间进行追踪或对事故进行调查。造成供应链在这些环节中遇到困境的原因主要在于目前供应链普遍缺乏透明度，这也意味着客户和卖家缺少一种可靠的验证方法来验证及确认他们所购买的商品和服务的真正价值，客户支付的价格也无法准确地反映产品的真实成本。

除此之外，要对供应链的非法活动进行追踪也是一件很困难的事情，其中所涉及的方面包括：假冒产品、强迫劳动、助长战争及犯罪团伙、工作环境恶劣等。随着外贸交易规模的不断扩大，市场上的假冒伪劣商品越来越多，假冒伪劣商品在国际贸易中的比重也急剧上升。据国际商会估计，2015年假货和盗版商品的总值已达到了1.77万亿美元。因此，消费者对寻找可信赖的供应商及供应商提供信息的透明度有着很高的要求。

目前，许多主流商品供应商都意识到供应链透明化的重要性，在建立可信任度上面也是想尽了办法，并也针对此问题对供应链的环节做出了改善，为此他们通过使自己的生产运输过程更透明化来建立用户的信任度。此前还有很多公司利用软件追踪技术来证明产品的价值、新鲜度和真实性。但是只有运输数据和运输系统是远远不能满足客户的需求的，消费者只能依靠这些数据来分析商品，但是缺陷是这些数据其实也是可以造假的。

但是如今有了区块链技术，使得这一问题得到了解决。区块链技术作为一种分布式账本技术，能够确保数据的透明性和安全性，各个用户之间都能更好地记录和分享那些及时更新的重要信息。

Provenance（发源地）是第一个为那些供应链的所有类型产品提升和创建透明度的公司。尽管有一些像Everledger和Asrcibe一样的专业服务公司也用区块链来追踪单一的产品类型，但它们在追踪钻石和数字艺术作品时所使用的方法与Provenance截然不同，Provenance的追踪贯穿了整个产品的生命周期。

这三个公司都是运用区块链的不可篡改性来记录其产品运输的信息，但Provenance是第一个创建系统来追踪产品的历史信息的公司，从产品的生产商到消费者，沿途的每一步信息更新，如产品送达到哪儿，在谁的手上，拥有了多久，都能被追踪到。

消费者只需从智能手机上就可以了解到所有的信息，而且还可以在区块链上添加不可变的信息，所有这些都超越了其他传统公司。

这般彻底的透明度是为了确保日常客户不会被任意蛊惑，而且这也能很容易地就变成我们的一个竞争优势。创始人兼首席执行官（杰西·贝克）（Jessi Baker）最近告诉《连线》杂志说："你也许会说我们现在正在经历一个轻微的品牌信任危机，而我们也正需要一个机制来帮助我们过渡这个数字可信度。"

Provenance为用户提供了一个可靠的网络平台，使品牌商能够追踪产品的材料、原材料、产品的起源和历史，这其中消费者得到的信息包括：产品是在哪里生产的，是由什么人生产的，从中展现出商品的生产环境信息。并且Provenance向消费者提供实际物品的相关信息，以供消费者进行更全面的参考并做出积极的选择。Provenance主要是通过部署区块链技术系统，在整个供应链系统中创立一种信任感。

当然，区块链让供应链更透明不仅仅是体现在大型企业中，在日常生活中我们无论购买什么商品，都需要一个遍布全球的供应链。

比如，一个星期天的早晨，你在一家面包店看到一款自己很喜欢的面包，面包里面的蔓越莓馅特别吸引你，于是你拿起手机扫描消费单，从中获取到了该面包的所有成分以及生产环境和来源。

蔓越莓来自美国的一个小型的农场，这家农场记录并分享了蔓越莓的种植细节，其他各家农场之间也可以分享种植成功的经验。你在信息中看到了该农场的灌溉技术，并且是得到了有机认证的，除此之外，你还可以看到该农场其他的草莓、猕猴桃等的种植和灌溉技术。

无论是餐厅的晚餐还是路边的小吃，它的实物都有自己的来源。区块链则为这些数据信息提供了可靠的记录和分享方式，使用户可以更直观地看到实物来源以及他们的生产方式。区块链技术让信息分享更及时，覆盖面更广，使得供应链的透明度得到了提高。

其实我们通常购买商品的时候不会考虑太多问题，但是很多时候，商品本身的一些信息对我们来说还是很重要的，我们必须信任该商品的生产环境，且能够保证商品的每一个环节都不会出现任何差错。这种信任对我们来说至关重要，但是如何才能得到我们的信任度，就需要该商品提供的信息能满足我们对该商品信息的需求量，比如，我们要明白它来自何处，是由什么人生产的以及是如何到达我们手中的。区块链技术的去中心化、去信任、透明性等特征，让供应链也变得更加透明，并且为参与者们创造了全新的机遇。

总之，区块链技术的好处就是可追踪的，并且能做到全供应链追踪，生产环境、价格、运输过程全透明。此外，区块链技术是产业创新的底层技术，因为它太底层了，所以，它从技术上保证了客观信用的记录，使供应链更加透明、高效。

区块链如何重建供应链体系？

区块链技术在供应链体系中起着重要作用的原因在于区块链技术拥有一套去中心化、去信任的网络系统，它的数据是加密不可篡改的，数据来源也是可以追溯的，数据信息是公开透明的，因此也是比较好维护的。区块链技术的这些特性，使得区块链节点上的每个用户都可以通过公开的接口随时随地查询区块链数据和开发相关的应用，这样能够使大家知道并且信任这样的网络系统，并且没有人敢在这种信息透明公开的系统上有任何不好的想法。

但是，在传统的供应链流程中却做不到这一点是为什么呢？目前，大多数的传统供应链体系都是孤立且不透明的,数据信息的不透明性导致交易效率低,而且会出现很多假冒伪劣产品。而通过区块链技术不但可以简化供应链流程,还可以让供应链更加透明,因为区块链从技术上就能够保证数据不可篡改,而且也保证了任何人都没有办法在区块链上写入假的数据。区块链上的所有数据和信息都是公开的,如果你在上面写入假的数据的话,整个区块链上的用户都是能够看到的。但是这一点传统的供应链体系是没有办法做到的,所以导致交易过程会出现诸多弊端,这其中主要的原因在于没有一个可信任的平台。例如,我国有许多像"12315"这种打假的平台,这些打假平台很多时候是由某一方或者由某一厂家自己建立的,如果要取得客户的信任就必须建立一个强有力的管控渠道,否则没有人愿意相信你,因为你无法自证清白,说自己的数据没有造假。

我们还可以举一个很简单的例子,今天早餐去仟吉买了一个面包,而为什么选择去仟吉买面包,是因为我相信这个品牌,"仟吉"这时候就是一个强有力的品牌商在后面保护着自己的品牌。但是,我还是没有办法确信,这个面包的生产环境、生产过程、由谁生产的以及是怎么运输且最后到我手里的,这些问题导致我没办法相信仟吉不会在里面造假,因为我没办法去追溯整个供应链中的数据,这就是一个非常大的问题。

想要追溯整个供应链体系中的数据是一件非常难的事情,但是随着区块链技术的出现,也使这一难题得到了解决。在过去传统的供应链体系中,无论是国企还是中小型企业都没能做到追溯供应链中数据的主要原因在于,没有一个平台能够提供公信力的信息,虽然中间机构能够提供信息,但是他们自身不掌控任何信息,除了各方收集信息难度大之外,也让用户无法确保对方提供信息的真实性。而区块链技术作为分布式共享数据库,其去中心化的特性,使得区块链上的所有信息都是公开的,它的数据是不可篡改的,区块链上的每个用户都能随时查看,这些特性就能够完美地解决传统供应链体系上所存在的灰色地带，能够更好地去追溯供应链每一个环节的数据，从而取得用户的信任。

随着区块链技术在企业中的广泛应用，已经有很多企业利用区块链技术来重建供应链体系，目前唯链（VeChain）是一些大型的奢侈品牌商用得比较多的一个基于区块链技术的透明的供应链平台，合作品牌商可以通过该平台在区块链注册并面向社会所有用户发布自己的产品信息，并对所发布的产品信息进行监管。唯链CEO钱得君最先看重的是奢侈品、高级酒店等高端零售企业，因为这些企业是假冒伪劣商品高度聚集的地方，所以这些地方的防伪需求较为迫切。而通过唯链，消费者可以直接在APP（应用程序）上查看所有商品的信息，并且也能够在上面写入自己的数据，这些数据都是共享的。唯链的这些特性都是通过区块链技术来实现的，首先，要给每一个产品或者每一个物件设置一个ID（身份证），这个ID必须是唯一的。之后在产品的供应链体系中，可以通过这个唯一的ID识别商品并可以追溯到该商品的来源。唯链上的用户能够对整个供应链上的数据一目了然，如此一来，品牌商不仅加强了和消费者之间更直接的联系，也使得商品的信息更加真实可靠，从而提高了商品的防伪程度。

区块链技术除了可以增强企业所生产商品的防伪程度，我们还可以通过区块链技术的智能合约来实现对所有权的管理。比如，对某个品牌的保护，我们要给这个品牌设置一个唯一的标识，这个标识需要很多人去签名，如厂长、操作员、经理等，这个过程就涉及产品的管理问题。而通过区块链技术可以建立供应链体系上产品所有权的管理，这个管理可以进一步延伸到线下所有产品的交易中，甚至包括一些二手商品和奢侈品，如果这些商品在之前的交易中是被做过特殊标识的话，那么它的所有权在区块链上也是有所反映的。商品的转移和交易，更加进一步融合了区块链技术的特性，因为区块链技术是底层技术，人人都可以参与其中，而且由于区块链技术是分布式共享的数据库，可以实现各个节点之间价值的转移，这一特性可以使企业更方便地去转移财产所有权。

总而言之，区块链技术提高了供应链的透明度、可追溯性和安全性，进一步促进了消费者与品牌商之间信任的建立，使经济环境更安全、更可靠。从某种意义上来说，区块链技术改变了供应链，重建了生产、消费及购买方式，也就是说，区块链通过其自身的特质属性重建了供应链体系。

区块链促进电商物流模式创新

全球经济增长处于一个乏力的时期，传统的资产投资回报太少，使得一些企业转而投资新的资产类别，如比特币。而区块链作为比特币的底层技术，它在其他领域的广泛应用也越来越吸引着这些投资者。目前，区块链技术已经被广泛应用于电商的交易环节、物流配送环节和结算环节。区块链技术的去中心化、去信任化、匿名性、数据可追溯性、安全可靠性等特点，可以打通整条电商物流供应链，保证平台上用户共享信息的真实性，建立用户与用户之间的信任，提升电商产品在物流配送环节的效率，从而降低成本，促进电商物流模式的创新。

目前，我国电商物流供应链行业处于快速、持续发展时期，行业内的竞争也随之不断加剧。而一批具有较强供应链管理能力的企业也迅速崛起，使得第三方物流供应链管理系统逐渐增强。但是，物流供应链上的都是一些中小微型企业，这些企业的信用度普遍比较低，很难获得银行或者其他金融机构的融资和贷款服务，从而导致企业的融资需求与实际获得的资金之间的矛盾日益加深，物流供应链企业在整个生产服务线上的融资能力与地位严重不匹配。

币看CEO刘洋表示，目前国内区块链产业的发展刚刚处于起步阶段，各方都还在进行探索。目前主要集中于可追溯、提高物流效率。当前物流行业存在一个比较大的问题是赊账，上游的物流企业接大公司的单之后，大公司往往是赊账，要延后一个月。而层层下包之后，到了司机层面就会出问题，因为司机是不能赊账，要先付账，导致末端的中小企业生存艰难，而且银行不愿贷款，需要有厂房进行抵押。这一问题很难得到解决，而借助区块链技术，能够让这些中小企业的业务运作更加透明，金融机构能够更清楚地了解物流企业的运作状况，从而有效解决贷款难的问题。

由此可见，资金问题已成为中小微物流供应链企业保持供应链服务持续性的主要问题，进而会对整个物流行业甚至国家的经济造成影响。那么，传统的电商物流模式到底存在哪些具体问题呢，区块链技术又是如何改进这些问题的呢？

首先，库存太大。传统电商物流供应链上的库存缓冲，使得很多制造商和很多零售商都存有一些商品的库存，而这也正是造成供应链上其他环节缺货的原因。在供应链上，如果各个公司的仓储和存货的地点不一致的话，库存问题就会随之扩大。由于供应链上的所有参与商都有自己的库存，再加上库存管理的失误和其他各个环节的相互影响，当货物到达供应链的最后环节时，库存的数量与最后实际所需的货物数量已经不存在任何关系。而区块链技术的出现，可以更好地解决这一问题。库存之所以会太大，主要还是因为传统电商物流供应链上的用户与供应商之间的信息沟通不及时，用户跟供应商之间没有一个可信任的第三方平台来直接交换数据信息。区块链技术是一个分布共享数据库，物流供应链上的所有用户都可以分享自己的信息，并且可以直接与供应商交换信息，供应商可以根据客户的需求来制订自己商品的库存量。

其次，传统的电商物流模式反应太慢。传统的市场配销渠道是固有且松散不一的，而且供应链上的再订货过程容易脱节，导致可能无法满足热销商品的需求量。物流模式反应慢是因为整个物流供应链的环节过多，并且各个环节之间的信息沟通不畅。区块链技术是使用分布式核算和存储，不存在中心化的硬件或管理机构，任意节点之间的信息都是共享的，节点与节点之间可以直接交换信息，这就从中摒弃了第三方中介机构，能够节省大量时间，也加快了整个物流供应链的反应速度，从而提高了发货效率。

最后，数据不可追踪。传统的电商模式中经常出现丢失包裹、错误认领、信息错乱等问题，虽然很多电商物流公司承认会对客户进行损失赔偿，但是由于对客户购买商品的不确定性，导致这种问题很难得到完美的解决方案。而区块链技术可以很好地弥补这个缺点，区块链上的数据是透明公开而且不可篡改的，可以记录下货物从出发到最终交到消费者手中的这个过程，确保了整个信息的可追踪性，从而可以避免快递丢失、爆仓、信息错乱、误领、错领等问题发生，除此之外，还可以促进快递实名制的落实，并且电商物流公司也可以通过区块链技术来掌握产品的物流方向，防止串货，增强打假力度，保证线下各供应商的利益。

传统电商物流模式所存在的以上问题主要是由于物流供应链中间环节过多，现阶段这个过程基本上还是由人工操作完成的，人工干预往往会消耗大量的时间，不仅不能保证信息准确无误，还可能因为中间产生错误的信息而增加成本。而区块链技术可以减少操作中由人工造成的失误，一方面可以去掉人工干预环节，另一方面可以降低人工成本，提高了电商物流效率，降低了物流成本。除此之外，区块链技术还可以直接定位追踪产品的物流信息，提高了电商物流供应链效率，降低了错误成本。所以，区块链技术不仅从根本上解决了传统的电商物流模式中存在的问题，也促进了电商物流模式的创新。

区块链在供应链金融领域的应用

  供应链金融是银行围绕核心企业，管理上下游中小企业的资金流和物流，并把单个企业的不可控风险转化为供应链企业整体的可控风险，通过立体获得各类信息，将风险控制在最低的金融服务。供应链金融业务主要是给中小型企业提供综合的金融解决方案，该业务在我国推行数十年，但是由于供应链上的信息不透明，所以制约了该业务的发展。近几年，随着金融科技的不断发展，区块链技术在供应链金融领域也得到了更加广泛的应用。

1.应收账款的融资

全球贸易融资发展缺陷给经济发展和全球贸易带来了风险，然而随着区块链技术在供应链金融领域的广泛应用，也正在改变着落后的贸易融资过程。

2016年，中国科技金融领域盛会"中国科技金融FinTech创新大会"上，钱香金融CEO黄崇望先生发表了关于"区块链技术在供应链金融平台中的应用"的演讲。黄崇望先生在演讲中表示，科技是创新发展的核心驱动力，能为金融行业提供服务、提高效率、降低成本。钱香金融一直在坚持科技与金融的高度结合和创新，力求打造一个投资安全、账户安全、服务至上的智能化科技金融科技平台。另外，黄崇望先生还解释道，目前区块链技术在供应链金融平台的应用，主要体现在风控管理中：借款主体及行为真实、贸易真实性、信用数据档案。以钱香金融为例：钱香金融作为专注于黄金珠宝终端供应链的金融互联网服务平台，依托区块链技术共识、安全、不可篡改的特性，对加盟商的资金用途、进货渠道、还款能力等实现全方位管控，连接上游供货商及下游终端门店，实现金融与供应链物流、信息流的精准融合，为各终端门店提供单笔小额授信，实现资金快速、灵活、低成本运转。

钱香金融就是利用区块链技术改变了传统的供应链金融贸易过程，实现了金融与供应链物流、信息流等的完美融合，加快了应收账款的融资速度。以钱香金融在黄金珠宝领域为例，如果下游的店铺（直营或加盟）想到上游的品牌商或批发商处进货，但是由于手上的流动资金不够宽裕，所以只能到上游进行赊账拿货。那么上游把货赊销给下游之后，拿到了应收账款，但假设这个时候上游拿到了类似欠条的应收账款后，没过多久上游的"债权人"由于其他种种原因也出现了资金流紧张，下游还没有能力还款，那他这个时候可以通过保理商或应收账款的抵质押再以"债务人"的身份来获取融资。这样做带来的好处是，上游的"债务人"即品牌商或批发商的销售已经完成了，不用担心由于销售造成货物滞销，但它的风险点在于，下游的"债务人"即直营或加盟的店铺要确保销售的完成,否则也会造成还款的压力。而区块链作为分布式数据库,其中的信息都是公开的,所以上下游之间的借款的流程也是公开的,这样能够验证借款主体以及借款行为的真实性,资金的流通也是透明的。

2. 预付类的融资

以钱香金融为例,假如黄金珠宝市场的某个销售旺季到了,作为下游的终端店铺想提前囤货,但是同样手上资金紧张。此时作为终端店铺的老板,他知道可以通过这个旺季把货销出去后一定可以大赚一笔,那么他可以找到上游拿货的核心企业即品牌商作为他的担保人来给自己出面担保,到一些金融机构或网贷平台来获取资金,如像终端店铺通过品牌商的担保或反担保的增信措施到钱香平台来获取融资借贷一样,该种模式承担的较大风险点在于受市场因素或价格波动所带来的销售风险,但总体来说,这种模式在国内较为普遍。总结分析来看,首先,目前国内产能过剩的经济结构,上下游的核心企业更希望为了达成销售目标,愿意给下游靠谱的终端店铺来做担保,甚至承诺兜底回购。而区块链技术天生是一个高安全、不可篡改的数据库,而且是面向所有互联网用户开放,特别适用于中间环节繁杂、信息不对称的应用领域。其次,中小微型企业可以借助区块链平台,记录相关交易行为,记录的同时已经对其真实性进行了自动验证和同步,记录也不可篡改。最后,区块链上的所有企业只要有需要就可以随时根据相关交易记录快速融资。

3. 自建物流、仓储质押的形式

钱香金融与多家品牌商联合成立且相对控股的沣临供应链平台就是通过自建物流来实时管控上下游企业的进销存数据,但由于黄金珠宝本身的商品属性问题,暂未做到仓储的质押。区块链技术的去中心化、信息的透明度可以解决仓储的质押问题,能够使供应链上的产品快速流通。

另外,据麦肯锡测算,在全球范围内区块链技术在供应链金融业务中的应用，能帮助银行的运营成本一年缩减135亿~150亿美元，风险成本缩减11亿~16亿美元；买卖双方企业一年预计能降低资金成本11亿~13亿美元及运营成本16亿~21亿美元。总而言之，区块链在供应链金融领域的广泛应用不仅解决了传统供应链金融领域中遇到的难题，也进一步促进了供应链的创新。随着科技金融发展越来越快，区块链在供应链金融领域的应用也将会越来越广。

"区块链+供应链"的应用案例

案例一：Provenance利用区块链技术提升产品供应链的透明度

Provenance是第一个为供应链上所有类型的商品提升和创建透明度的区块链创业公司。Provenance能够在区块链上记录全球零售供应链上整个流程的信息，让消费者能够随时随地追踪到商品的信息，提升了供应链上的信息透明度。

Provenance的白皮书中提到，目前，公司正在测试使用序列号、条形码、以RFID（射频识别）和NFC（近场通信）为代表的数字标签以及遗传标记等技术来将区块链上的数字资产与实体产品进行确认和连接，确保有且只有唯一的实体产品和数字化与之相对应。在供应链上，每一个步骤上的每个用户都必须在Provenance上进行注册，注册之后每个人都会收到一个私有密钥来证明自己身份的真实性，这样他们才能获得在区块链上以自己的名义评论的资格。每一个拥有私钥的用户都可以在区块链上记载信息，也可以在权限内查看信息。区块链的特性使得记载在区块链上的信息都是不可以篡改的，这种特性保证了消费者能够查看到的产品信息的可靠性和真实性，从而保障了消费者的权益。

Provenance的追踪记录了一整个完整产品的生命周期。用户可以通过与互联网相连接的设备来对目标对象进行监视，并且可以用透明的方式全流程追踪产品的原产地以及中间的交易过程。在区块链上，消费者不仅可以查看产品的静态属性信息，还可以查看产品从生产商到经销商再到消费者手中的运输过程，消费者只需从智能手机上就可以追踪产品沿途每一环节的信息，而且还可以在区块链上添加不可变的信息。

通过区块链在供应链领域的应用，将会给未来的生活带来更多的便捷服务，在未来下面这一场景将成为现实：在超市中，消费者通过扫描一个黄桃罐头上的二维码，就可以确切知道里面的黄桃是在何处摘的，由什么人摘的，在哪里被装入罐的，如何从生产地运输出来然后被送往经销商的，这其中的每一个环节都有不可篡改的时间戳来证明，产品流转过程中的每一环节的信息都是真实可靠的。

此外，通过建立区块链上的智能合约，Provenance还能对传统购物方式进行创新。消费者可以通过与生产商签订智能合约的方式来购买商品，合约内约定了当商品在未来某个时间点的价格低于合同中约定的价格时，消费者即可以以约定的价格购买一定数量的商品。因为智能合约具有法律效力而且能够自动执行，所以，生产商可以根据签订的智能合约中约定数量和价格来预测未来收入，消费者也可以从中获利。

Provenance的本质是为所有使用其区块链服务的生产商提供一个信息共享平台。Provenance注重供应链中从设计厂商到原料供应商、生产商、物流供应商、分销商，再到消费者的整个过程，每一个环节上的用户都可以在Provenance提供的平台上分享产品的信息。通过共享产品制造过程中的信息，更全面了解到产品的生产制造过程，以此来获取消费者的信赖。这不仅为厂商增强了市场占有率、提供了扩大市场的机会，也使其可以更深入地挖掘消费者的需求，从而促进整个供应链体系的共同发展。

案例二：布比物链构建基于区块链的供应链系统

当前的很多供应链领域都存在很多问题，为了解决这些问题，布比基于区块链技术构建了物链，物链构建于布比区块链之上，充分利用了区块链技术的低成本、高安全、可信任、信息共享、分布式账本和去中心化的特点，整合先进的物联网技术，建立了一套完整的供应链生态服务系统。该服务系统以"品质驱动、价值保障、诚信链条、透明消费"为服务理念，通过对物品生命估计的记录，来实现对品质型商品和作品的价值保护，对产品流通渠道和消费者权益的保护。如此一来，在当前粗放和缺乏公信力的市场中，物链就能够帮助很多产业链条上的中小微型企业被市场发现并且得到市场的长期认可，避免销售中获取的利润被市场中的次品和假冒产品抢夺。除此之外，因为物链具有公信力的价值转移和再生，也将会成为政府相关部门行使监督权力的可靠渠道。

此外，物链还结合了供应链的特性对区块链的接口进行了继承、封装以及应用，形成了一系列的具备鲜明应用特色的供应链管理云平台，使每一个物品静态（固有特性）和动态（流转、信用）等信息都能够在生产制造企业、仓储企业、物流企业、各级分销商、零售商、电商、消费者以及政府监管机构中达成共享与共识。通过"区块链技术+物联网+互联网"的整合和协同应用，不仅能够在供应链体系中的主要环节实现面向区块链的主要信息的采用，同时也能够完成面向供应链业务流程的优化和再造，使区块链技术的应用不再是单一和附加的，从而形成全方位的、具有高公信力的行业应用支撑服务体系，也就是所谓的供应链体系。

物链所涉及的服务内容关系到生活中的方方面面，其本质就是成为产品流通领域品质和诚信的担保人，发现并培育出更多优质和便捷的产业链条，围绕这些链条来实现企业、公众和国家的利益。

第九章　区块链，链接未来价值

　　区块链技术因为其去中心化、安全性、不可篡改、数据可追踪等特性，会给未来的金融领域和商业模式带来巨大的改变。越来越多的大型金融机构已经开始探索这一技术，因为区块链技术能够解决传统商业模式中存在的成本高、周转期长等弊端。区块链技术带来的作用大家是有目共睹的，但是我们也还是要科学理性地对待这一技术。从某种程度上来说，区块链技术本质上的中心化应该和一些企业的中心化并存。所以说，我们应该结合企业的特性，合理利用区块链技术创新，让其在未来的运用中发挥出更大的价值。本章主要讲述区块链对未来金融的影响、区块链如何重构未来商业模式以及区块链在未来的发展趋势和价值导向。

区块链对未来金融的重要影响

随着区块链技术在金融领域的广泛应用，未来的金融行业将会出现颠覆性的改变。此外，由于金融与社会经济运行紧密相关，因此其对区块链技术的探索也是走在这个时代的最前列。美国、英国、澳大利亚等国家也纷纷开始倍加关注区块链技术，传统银行、证券交易所、保险公司以及新兴的股权众筹、P2P借贷平台等领域都对区块链技术表现出了十分积极的态度，并开始对区块链技术进行实践性的探索。

目前，许多大型的金融机构已开始积极致力于区块链技术，主要是为了解决目前传统金融交易中成本高、操作周期长等业务问题。比如，一直以高昂手续费和漫长周转周期为痛点的跨境支付业务。以往这些业务都是由人工、纸笔来进行业务流转的贸易金融。而通过区块链技术，可以利用其分布式账本特性，在信息共享的基础上，实现更低成本和更高效率的业务操作，从而提高效率，节省成本。

新兴的互联网金融业态从产生到现在，一直与新兴技术紧密相关、相伴而生，其经营理念和经营模式比传统金融机构更具前瞻性、灵活性和便捷性。新兴金融业态通过利用区块链技术，在减少交易成本、提高交易效率和降低交易风险等方面发挥了更加积极的作用，比如，一些新兴的互联网金融公司在证券交易领域、股权众筹领域、P2P网络借贷领域进行了区块链的商业化探索和实践。

1.股权众筹领域

在股权众筹领域，区块链系统不仅可以简化众筹活动中的股权登记环节，而且还能够实现众筹平台的中介、组织和管理功能。在区块链系统中，项目方可以在客户端发布自己的创业项目，向意向投资人进行资金募集。投资人可以使用数字货币进行付款，款项被存储在一个信息不能被篡改的公共账本中。根据智能合约的约定，当项目募集成功的时候，所有款项会自动到达募资对应的账户上，反之，款项则由区块链系统自动返回。众筹投资份额由数字货币来证明，当投资者需要退出的时候，他们可以直接出售所持有的份额，也可以与其他投资者交换全部或者一部分份额，所有权的交易过程可以被完整记录。同时还可以实现追踪募集资金的支出明细和使用进度，从而进行可随时监控的管理，降低投后风险，切实保护好投资人的权益。

2.P2P网络借贷领域

目前，P2P借贷中主要是以比特币为载体开展这一服务，它为我们提供了基于区块链技术的P2P网络借贷行业思路。借款人在区块链终端发起自己的借款需求，详细列出信息：贷款总额、期限、利率、过往信用记录等，并说明自己可接受的借款跟踪检查项目。意向贷款人则可以通过以借款人提供的信息或者与借款人直接交流来决定是否借款，到后期借款人可以通过系统的设定自动还款。

去中心化的P2P借贷平台给借贷双方创建了一个以信任为基础的借贷关系支付网络。它撤除了中介机构或中间商的介入，通过智能合约直接完成交易，并且所有的协议和甲乙都会透明、公开地被记录在账本上。完整、可靠的历史交易数据不仅为政府部门提供了监管依据，而且也大大节省了平台的业务成本。

3.证券业领域

在证券业的应用领域，智能证券、代理股票、清算结算、股票发行与交易都已经开发出对应的区块链平台。例如，Digital Asset Holdings（数字资产控股公司，简称DAH）即将为澳大利亚证券交易所设计清算和结算系统，旨在允许所有的参与者，在同一个数据库中进行实时的资产交易。它能够让数字资产在交易的双方之间进行转移而无须任何中间机构来负责记录交易，从而达到实时交易的效果。而传统证券的发行与交易的流程手续复杂烦琐且效率低，区块链技术的应用使得金融交易市场的参与者都能够共享平台上的数据，让交易流程更加公开、透明、有效率。

伴随着区块链技术的快速普及，区块链技术的应用将被扩展到整个金融圈。从交易数字货币的电子系统，到支配传统金融的银行等存款机构，再到证券交易所以及会计等其他金融领域，所有企业的业务模式和发展方向，都会受到影响。但是，区块链技术的介入，将以其去中心化、公开自治等特性帮助这些企业提高工作效率、控制交易风险，从最底层自下而上地改造整个金融领域的生态环境。

目前，虽然区块链技术大多数的应用案例都处于测试阶段，还没有一个区块链网络进入大规模商用化，而且区块链本身也面临一些小挑战。但是，无论是大型的传统金融机构还是新兴的互联网金融业态，通过设计不同的规则、不同的实现方式和安全模型，都是在积极拥抱并尝试区块链技术的前沿阵地。在区块链这一颠覆性的技术面前，互联网金融这一新兴的行业保持了高度的警惕和深刻的洞察力，并且都在积极试图通过实践性的探索来增强自身的先发优势和市场竞争力。

去中心化和中心化共存

区块链技术的本质是去中心化的分布式账本,是寓于分布式结构的数据储存、传输和证明方法,用数据区块取代了当前互联网对中心服务器的依赖,使得所有数据的交易项目或数据变更都记录在同一个云系统上,从而实现了数据传输中对数据的自我证明。

区块链依托其"去中心化"的特性,解决了传统结构中存在的"效率低、风险高"等问题。此外,区块链技术的"去中心化原则"可以说是直接触及了现行的经济制度,甚至更广泛意义上的一般原则,直接或者间接地推动了制度的变革，因此，引起了不同层面上的争议。

新联在线市场总监陈智诚表示：区块链用去中心化和去信任的方式来集体维护一个数据库，好像可以颠覆很多传统金融业，提高效率。但是，去中心化也使得整个路径难以监管，容易被有心人借用搭建新的旁氏骗局，国内的政治环境和管理思想一定要有中心，特别是金融行业的中心监管要更加严格。"去中心化"就意味着主体不明确，监管难以对主体进行调整。

此外，陈总监认为，目前征信系统其实更适合"中心化"。征信信息属于隐私信息，而且征信系统与信息的价值主要取决于其信息准入、中心背景和共享机制等，因此，征信作为核心金融信息，暂时更适合中心化。在去中心化的征信系统上，金融行业的征信信息都是共享的，虽然能够快速有效地获得征信信息，降低了各大平台的经营成本和风险，为投资人提供了极大的帮助，但是，在去中心化推行的过程中，大的机构有大的数据，不愿意与小的机构分享，同时，共享征信信息，也会导致出现业务信息外泄、客户被抢走等问题。

所以说，区块链技术的"去中心化"虽然能够解决传统机构中存在的一些问题，但是在一些信息比较隐私的机构，区块链技术的"去中心化"反而会带来一些弊端，导致信息泄露。因此，在通过区块链技术将社会的方方面面都去中心化之前，我们需要考虑一个比较重要的问题——人们能从区块链的"去中心化"中得到什么，也就是说，"去中心化"能给人们带来多少价值。然而，现在区块链行业的很多项目都把重点放在"去中心化"上面，没有考虑要怎么样去给人们创造出更多的价值。在纽约举行的一次名为"探索比特币"（Inside Bitcoins）的会议上，这一问题就成了比特币2.0版本的讨论话题。其实，并不是说去除了第三方中介机构就能够给用户带来更好的体验，区块链技术的开发者更应该考虑到开发这一技术的真正意义在哪里。

纳拉亚南在演讲中明确提出："我觉得人们常常会混淆两件事。其中之一就是，加密技术往往（很不幸地）用在缺乏信任的群体中，因此缺乏信任只是起点,密码学是它的一个解决方案。但这往往会被人们误认为是,噢,既然现在我们有了这个加密技术,那就让我们利用这个技术将世界变成一个不需要信任的世界吧。要知道,信任最小化不是目的,缺乏信任的世界也不是我们想要的。反之,这样的世界会成为我们不幸的起点。"

纳拉亚南在演讲中强调了人们在区块链技术上常常混淆的两件事,这两件事情也就是所谓的"去中心化"和中心化的问题,虽然他指出"去中心化"有很多好处,但是同样他也指出利用区块链进行去中心化的同时可能会导致更多问题的出现,甚至比它能解决的问题还要多。这些问题主要表现在以下几个方面:

1.没有法律保障

没有法律保障是去中心化模式的整体问题。在比特币领域,人们很少会在出现问题的时候去寻求帮助。纳拉亚南指出,智能的财产模式的确可以使一切事物以更高效、更平稳的方式运作起来,但是一旦出现问题,也会变得更难解决。

2.比特币的安全性

在现实世界中,比特币的安全性仍是个难以处理的问题。如果你把一部手机储存在区块链上作为智能财产,但是,你不小心把私钥弄丢了,那这部手机就不再是属于你的,这将导致这部手机从此变成了一件没有用的东西,这也是人们很难接受的一件事。安全性是人类本身最根本的需求,这种需求远远超出了科技能解决的范畴。

3.纠纷调解非常复杂

由于涉及产权和法律系统,争议调解是一个高度专业化的领域。虽然将这一过程去中心化可以使个人自由选择调解员,但是每个人都需要考虑他们可能在另一方面就要放弃一些东西。

区块链技术"去中心化"所带来的这些问题,也是我们当前必须要规避的问题。我们一直在提"去中心化",即区块链这个技术是没有中心的,区块链技术本身就是透过一系列的技术来解决去中心化信任的问题,所以它在生产效率上就低于中心化系统。比如,互联网信息去中心化的结果就是全球价值共享,而区块链去中心化突出的问题就是:没有统一的利益,效率低下。

所以,去中心化的体系需要中心化的组织结构来补充,只有将去中心化和中心化紧密结合起来,才能使区块链技术在企业中发挥自己更大的价值。在社会未来的形态中,"去中心化"和"中心化"将是共存的。

区块链如何重构未来商业模式？

区块链技术是金融科技创新的底层基础技术，随着区块链这一底层技术在金融领域的广泛应用，以后将会衍生出很多基于区块链基础设施的商业模式，传统的商业模式也会因为区块链这一技术的到来而发生颠覆性的改变。

英国巴克莱银行和以色列一家初创公司目前共同完成了全球首个基于区块链技术的贸易交易。该笔交易担保了价值10万美元的奶酪和黄油产品通过区块链技术，使传统需要耗时7～10日的交易处理流程被大幅缩短至不足4个小时。

这笔交易引起了很多金融界大佬的关注，因此，近年来，区块链技术成了各大企业积极探索并投入实践性应用的领域。区块链技术具有的去中心化、去信任、安全可靠等特点，为金融业全面走向数字化、加强风险控制以及解决金融交易不信任等问题，提供了几乎完美的解决方案。

随着金融科技的发展，各大企业都开始关注如何来应用区块链技术进行金融创新和改变传统的商业模式，随之第二十四届中国国际金融展的主题论坛"区块链技术与创新应用"也应运而生。如果说前几年我们还在关注"什么是区块链技术"，那么当下我们更关注的是，在大数据和互联网快速发展带来的信息冲击下，区块链技术的应用对参与者来说能获得多少价值？未来的趋势会是怎么样的？

1.区块链技术让智能合约照进了现实

和传统的技术相比，区块链技术更加安全可靠，而且实践证明这样一个数据库可以确保市值达百亿美元的比特币在黑客的攻击下依然安全。中国人民银行数字货币研究所所长姚前曾表示，区块链技术的可实用性强也是优势所在。区块链中的节点可由不同的开发者使用不同的编程语言，不同的编程语言建立了不同的架构，从而可以实现不同版本的交易，这就确保了即便某个版本软件出现问题，也不会造成整体的网络瘫痪。

智能合约作为区块链技术的一大优势，显然备受金融业的青睐。智能合约就是运行在区块链上的一段代码，和运行在服务器上的代码的唯一区别就是可信度更高。可信是因为智能合约的代码是公开的、透明的，对用户来讲，只要能够进入区块链中，就能够看到编辑后的智能合约。此外，可信度高还来源于智能合约的运行环境——区块链。区块链技术除了数据的存储，还能够保证数据的一致性、真实性和不可篡改性，这些都是区块链的优势所在。

尽管如此，智能合约从1933年提出以来，始终只是停留在理论层面，导致这一问题的重要原因在于长时间以来没有一个可信度和安全度较高的代码运营环境，无法实现自动强制执行，而区块链技术的应用第一次让智能合约的构想成为现实。

智能合约的代码一旦被部署到区块链上，程序的代码和数据就是公开透明的，谁也无法篡改其中的信息，并且一定会按照之前约定的顺序去执行，产生预计中的结果。一旦区块链上的这些代码能够被认可，那么就可以依托程序自动化和区块链节点与节点之间不同的构架的优势，形成不同的智能合约。这些不同的智能合约也因此能够达到不同的目的，从而能够使未来的商业社会更广阔、更快速高效。从某种程度上来说，区块链在智能合约上的应用，也重构了未来的商业模式。

2.确保整个交易的公平性

IBM中国银行业认知解决方案支付业务专家顾志忠曾说："不管什么样的发展水平，什么样的经济形势，如果能够适当采取区块链技术的话，收益将会相当巨大。"这句话的言外之意就是区块链将会改变未来的商业模式。

作为全球领先的战略科技公司，区块链技术也引起了IBM的关注，在不久前还发布了区块链方面的研究报告，认为2016年开始区块链从原来的概念性走向实用性。IBM的报告认为，区块链将改变未来的商业模式，区块链是互联网、移动网下的颠覆创新性技术，此外，顾志忠还表示："互联网技术解决了信息获取、信息分享的问题，而区块链是解决交易的问题，也就是说，最后一公里、最后一分钟，怎么去公平交易，需要区块链来帮助。"

IBM不仅关注了区块链的实用性，也更加注重区块链技术给人们带来的价值，或者说怎么样才能够帮助企业以及用户解决交易中存在的各种问题，确保交易整个过程的公平性。关于信任这一问题，在当下的很多经济贸易活动中，当我们对产品或者商家没有足够了解的时候，就需要依靠一些第三方中介机构来帮助我们收集或者提供更多的信息。但是区块链技术是基于分布式机构和智能合约的，未来你的信任将会跟你的交易紧密捆绑在一起，你的每一笔交易记录都会在区块链上记录下来，形成永久的交易记录。这跟之前的交易记录是不一样的，以前的交易记录只有你自己能够看见。但在区块链技术的分布式结构中，交易记录是共享的，你的交易对手也能够很轻松地获得你的交易记录，这也保证了整个交易记录的公开透明性，防止有人恶意篡改信息，从而确保整个交易的公平性。

总而言之，区块链技术改善了传统商业模式中存在的问题，它不仅简化了交易的过程，也加快了交易的速度，提高了交易的效率，降低了交易的成本和风险。此外，区块链技术也推动了传统商业模式的创新，无论是从智能合约还是从整个交易的过程信息的追踪上，都是给传统商业带来的革命性的创新。也就是说，随着区块链技术的不断发展和广泛应用，未来的商业模式将会被重构，区块链将会助力传统商业模式迎接新时代的到来。

区块链 + 其他应用场景

基于区块链技术的特性,很多人都认为区块链技术会对未来的经济社会生活产生颠覆性的影响。因此,目前越来越多的机构开始结合行业情况与结合区块链技术的特点在更多领域进行积极的探索和实践性的尝试。

ConsenSys是世界一流的区块链技术研发企业,美国区块链的巨头,ConsenSys协会的主管安德鲁·基斯(Andrew Keys)曾预言,2016年区块链编程将会遍地开花,分布式文件系统(IPFS)将会席卷世界,律师事务所开始基于区块链技术编写智能合约,众多的商业解决方案将会在私有链和以太坊公有链上展开，监管者也会越来越喜欢区块链技术。下面，本节将介绍区块链的一些其他应用场景。

1.区块链技术在公共服务领域的应用，增强政府信息的公开度和透明度

政府信息是公众了解政府行为最重要的来源和途径，也是公众监督政府行为的重要依据。一般意义上的政府信息公开是指行政机关在履行职责的过程中制作或者获取的，以一定形式记录、保存的信息，并及时、准确地公开发布。但是，更深层次上的信息公开，应该是要求政府公开其掌握的所有信息。区块链技术在政府信息公开方面的应用将会更加有效地提高政府信息的透明度、公开度、可信度，从而提高政府在公众中的形象和地位，也杜绝了欺诈和腐败行为。

区块链技术在政府信息公开上的应用主要体现为，政府借用区块链技术的协议来记录政府会议纪要、行政办法的制定与颁布、行政执法过程和结果等信息。这些信息全部都会记录在透明、公开、数据防篡改、可追溯的区块链上，人民群众可以随时查看审阅政府信息，从而可以加强对政府行为的监管力度。除此之外，因为区块链技术的去中心化、去信任、信息不可篡改等特性，确保了政府公开信息的真实可靠性，人民群众将不会对政府公开的信息是否存在欺骗或隐瞒行为而感到质疑。随着区块链技术在公共服务中的广泛应用，也解决了之前人民群众和政府之间的信任问题。之前因为信息不够透明化和公开化而导致的矛盾，也得到了完美的调解。此外，区块链技术也逐步建立起人民群众和政府之间的信任，使人民群众和政府之间的关系也得到了进一步的完善，加强了人民群众对政府的监管力度。

2.区块链技术在慈善领域的应用，能够让慈善捐款人及感兴趣的社会公众追踪到慈善捐款的去向

目前，我国对慈善组织信息公开度的规定制度主要集中在《社会团体管理条例》《基金会管理条例》《公益事业捐赠法》《基金会信息公布办法》

等法律和制度等相关条款中，尚没有一个专门针对慈善组织信息公开制度颁布的统一的法律。

《公益事业捐赠法》中规定，捐赠人有权向受赠人查询捐赠财产的使用、管理情况，并提出意见和建议。对于捐赠人的查询，受赠人应当如实答复。此外，该法律法规还规定了捐赠人等利益相关者对于财物使用、管理状况的询问权。但是，广大社会公众并没有权力对慈善组织提出信息公开请求。因此，慈善组织的信息公开透明是无法落实到实际操作中去的。这导致在实际的操作情况中，国内很多大型慈善组织信息公开的内容其实并不是准备完整的，甚至有很多连公众最关心的财务问题都没有向社会公开。

2011年6月，新浪微博上有一个名叫"郭美美baby"的博主引起了广大网友的关注，博主年仅20岁，新浪微博的认证名为"中国红十字会商业总经理"，在微博上多次发布其名车、名包、豪宅等照片，被网友发现，指其炫富。"红十字会"的"总经理"居然身家如此富有，不得不引起广大网友的反思："我们捐给红十字会的款到底去哪了？"

"郭美美事件"引起了广大社会群众对"红十字会"以及其他慈善组织的关注，也因此引发慈善组织的信任危机。无论"郭美美事件"的真实与否，但是人们对捐款去向无从查询这个问题却是真实存在的。社会公众没有权力去查询慈善捐款去向，捐款的过程也是无法追踪的。

这一系列问题主要是因为整个捐款过程中的信息不透明、不公开，社会公众无法得知其中每一个环节信息的真实性和可靠性，所以才导致越来越多的慈善组织出现信任危机，使得群众再也无法信任这些慈善组织，无法更好地投身到社会公益事业中。

但是，当区块链进入社会公众的视野，并应用到慈善组织中后，之前出现的捐赠信息不公开透明，并且信息无法追踪等问题都能够得到完美的解决。

区块链技术的应用将会给慈善组织带来极高的公开度、透明度和严明的问责制度。在区块链上，可以完整记录每一笔交易数据，区块链上的所有用户都可以共享交易记录并且可以随时随地对每一个交易环节进行追踪。因此，慈善捐款人和对慈善事业感兴趣的社会大众将可以自行对捐赠款项的来源和流向进行监督，不需要再像以前那样去敦促慈善组织公布信息。区块链技术的高安全性可以保证记录在上面的每一笔交易数据都是真实可靠的，这些特质都可以帮助慈善组织解除信任危机，增强慈善捐款人对慈善组织的信任度，从而更好地帮助慈善机构开展工作，并且助力社会慈善事业的稳步发展。